"행복은 밥상에서부터, 든든한 한 끼"
유수연.

30분 만에
한 그릇 뚝딱하는 **수연이네
사 남매 사계절
완밥 레시피**

30분 만에
한 그릇 뚝딱하는 **수연이네**
유수연 지음 **사 남매 사계절**
완밥 레시피

21세기북스

PROLOGUE

prologue

"오늘도 그 한 끼에 마음을 담습니다"

아침, 점심, 저녁. 세 끼를 매번 정성껏 차리는 건 누구에게나 쉬운 일이 아니에요. 육아와 집안일, 일상의 고단함 속에서 매일 요리를 해낸다는 건 때로는 부담이고, 어떤 날은 솔직히 미루고 싶은 일이기도 하죠. 그럼에도 저는 여전히 매일 부엌에 섭니다. 요리는 제게 사랑의 또 다른 이름이 되었으니까요. "엄마, 이거 또 해줘!" 빈 그릇을 내밀며 웃는 아이들을 볼 때면, 그 하루가 얼마나 복잡했는지는 더 이상 중요하지 않아요. 아이가 밥을 잘 먹어줄 때, 편식하던 채소를 기특하게 한입 더 삼켜줄 때, 저는 조용히 스스로를 칭찬합니다. "그래, 오늘도 잘 해냈다." 요리는 더 이상 '완벽한 결과'를 내는 일이 아니라, '오늘 내가 얼마나 사랑했는가'를 확인하는 일처럼 느껴져요. 이 책은 그런 제 일상 속의 다정한 기록입니다.

제철의 마음을 담은 사계절 식탁

이번 책은 사계절을 따라, 가장 싱싱한 제철 재료로 차린 가족 밥상 이야기입니다. 마트에서 골라담은 식재료, 시골에서 도착한 택배 상자 속 채소들까지 하루의 메뉴는 늘 '자연'과 '가족'이 먼저였어요. 저는 제철 재료를 쓰는 것만으로도 요리의 절반은 완성되었다고 생각해요. 자연이 차려준 식재료에 귀 기울이며 계절을 느끼는 것만으로도 지금 이 순간을 잘 살아내고 있다는 기분이 들거든요.

때로는 더운 여름, 재료가 금세 상해버려 속상했던 날도 있었고 찬바람 부는 겨울, 김이 모락모락 나는 국 한 그릇으로 온 가족이 마음까지 녹였던 날도 있었어요. 그 계절마다의 기억을 담아, 하루 한 끼, 작지만 따뜻한 식탁을 만들고자 했습니다.

꼭 복잡한 음식을 해야 한다고 생각하지 않아요. 유난히 바쁘고 고단한 날도 있잖아요. 하지만 제철에 만날 수 있는 평범하고 흔한 재료로도 충분히 정성스럽고 근사한 식탁은 만들 수 있어요. 매일 마주하는 "오늘은 뭐 해 먹지?"라는 고민 앞에서 이 책이 작은 힌트가 되어주었으면 합니다.

잘먹고 잘 웃는, 우리 가족의 식사 시간

첫 번째 책을 낸 후, 많은 분들이 "어떻게 그렇게 잘 먹어요?", "아이들이 채소를 남기지 않네요" 하고 물어봐주셨어요. 하지만 사실 저희 아이들도 처음엔 편식이 심했고 한 그릇 다 먹기까지 적지 않은 시간이 필요했어요. 그 과정을 지나며 제가 깨달은 건, 맛있는 요리보다 더 중요한 건 '식탁의 분위기'였다는 거예요. 밥 한 숟갈 사이에 오가는 웃음, 말, 눈빛, 그 작은 대화가 아이들의 마음을 열고, 음식에 대한 태도도 자연스럽게 바꿔주었죠. 같이 웃고, 이야기 나누는 것만큼 좋은 양념은 없더라고요.

가장 가까운 가족이라도 말로 다 설명하지 못하는 마음들이 있잖아요. 그럴 때 요리는 가족과 함께 나누는 가장 따뜻한 언어가 되어줍니다. 하루가 어땠든, 식탁에 둘러앉아 서로의 마음을 나눌 수 있는 그 시간, 식사 시간은 누군가에게는 즐거움이고 누군가에게는 힐링일 수도 있지만, 무엇보다 그 모든 감정 위에 바로 '사랑'이 있다고 생각해요. 그래서 저는 오늘도 식탁을 예쁘게 차리고, 그 앞에 다정한 말을 함께 올립니다. 정신없는 하루 속에서도, 식사 시간만큼은 꼭 붙잡고 싶은 저희 가족의 작은 쉼표예요.

이 책이 당신에게도 따뜻한 친구가 되기를

어릴 때 감기 기운이 있으면 엄마가 콩나물국을 끓여주시곤 했던 기억이 나요. 따끈한 국물 한 입 먹으면 왠지 약보다 빨리 낫는 기분이었어요. 그땐 몰랐는데, 그건 음식이 아니라 엄마의 마음이었던 것 같아요. 매일 이어지는 요리와 육아가 늘 완벽할 수는 없겠죠. 하지만 그 안에 마음이 담겨 있다면 그건 분명히 온 가족 모두에게 따뜻한 온기로 전해진다고 믿어요. 어쩌면 지금 이 한 끼가 아이들이 자랐을 때 추억할 수 있는 소중한 소울푸드가 될지도 모르죠.

저는 여전히 엄마로, 아내로, 한 사람으로 자라나는 중이에요. 부족해도 괜찮아요. 완벽하지 않아도 괜찮아요. 하루 한 끼를 따뜻하게 나눴다면 그걸로 충분하니까요. 이 책이 누군가의 바쁜 하루, 지친 마음 옆에 놓여 "나도 괜찮은 엄마구나", "우리 가족도 잘하고 있구나" 하고 스스로를 다독이는 데 작은 위로가 될 수 있기를 바랍니다. 같이 웃고, 같이 고민하고, 같이 잘 먹는 우리 모두의 식탁을 응원하며, 이 계절, 다시 인사드립니다.

2025년 여름 유수연

contents

프롤로그 "오늘도 그 한 끼에 마음을 담습니다" —— 004
일러두기 —— 014
intro 01 수연이네 식탁의 7가지 원칙 —— 016
intro 02 수연이네 식탁에서 자주 쓰는 재료들 —— 020
intro 03 아이의 완밥을 도와주는 식습관 Q&A —— 024
intro 04 고물가 시대, 수연이네가 제안하는 "1만 원 완밥 밥상" 5가지 조합 —— 028
intro 05 완밥의 시작! 수연이네 장보기 노하우 —— 030

Part 1 SUMMER

여름 밥상
더위를 날리는 입맛 돋는 활력 밥상

닭도리탕
038

미소가지덮밥
040

감자명란솥밥
042

토마토닭구이
044

오징어카레
046

가지덮밥
047

맑은오리탕
050

감자글로리
052

오징어비빔밥
054

토마토 소고기찜
056

가지불고기
058

버터치킨카레
060

토치계
062

파닭한마리
064

애호박새우볶음
066

버터명란감자
068

부추닭
070

오징어치즈덮밥
072

가삼덮밥
074

마늘닭개장
076

Part 2
AUTUMN
가을 밥상
풍성한 가을 들녘을 담은 영양 가득 식탁

- 갈릭전복버터구이 080
- LA 갈비찜 082
- 단호박제육 084
- 감당무조림 086
- 대파떡갈비 088
- 항정덮밥 090
- 두부탕수 092
- 누룽닭 094
- 단호박카레 096
- 오리파스타 098
- 해덮룽지 100
- 오새볶 102
- 카스도스 104
- 크림닭갈비 106
- 팟타이 108
- 프리타타 110
- 피망 덮밥 112
- 카룽지 114
- 새우솥밥 116
- 연어카레 118

Part 3 WINTER

겨울 밥상
몸과 마음을 따뜻하게 채우는 겨울 요리

| 호박찌개 122 | 차돌파개장 124 | 순살감자탕 126 | 제철무찜 128 |

| 밀파유나베 130 | 돼지국밥 132 | 항정수육 134 | 등갈비전골 136 |

| 차돌쌀국수 138 | 명란크림스튜 140 | 고기우동 142 | 명란미역국 144 |

| 전솥밥 146 | 라탕 148 | 대파국수 150 | 무샥슈카 152 |

| 무룽지 154 | 들깨순두부 156 | 누룽지닭 158 | 스레끼국밥 160 |

Part 4 SPRING

봄 밥상
가벼운 봄바람을 닮은 싱그러운 한 끼

봄동오징어국 164
소고기감자조림덮밥 166
오이중독 168
냉이떡국 170

돼지갈비찜 172
양파제육덮밥 174
미나리국 176
오이고추솥밥 178

돼지찜 180
양배추돼지찌개 182
새콤오이밥 184
미소대패덮밥 186

뽀짜이판 188
봄동돼지찌개 190
돼지불백 192
숙두볶 194

달걀후라이조림 196
순두부덮밥 198
두부돈부리 200
스테이크덮밥 202

Part 5
DADDY

일요일은 아빠가 요리사, 아빠의 밥상

납작떡갈비 206

들깨칼국수 208

목살스테이크 210

미나리황태국 212

바질닭볶음 214

굴어묵탕 216

삼색김밥 218

카레피자토스트 220

약밥 222

어탕국수 224

오리고기볶음 226

오므라이스 228

미역국 230

전가복 232

전비빔 234

보리리조토 236

컵밥 238

황태국수 240

양송이감자스프 242

바질크림닭갈비 244

(일러두기)

100가지 다양한 요리
계절에 어울리는 여러 제철 요리를
한식, 양식, 중식, 디저트까지
취향에 맞게 골라 드세요.

QR 코드로 바로 연결되는 요리 영상
요리 초보도 쉽게 따라 할 수 있도록
초간단 요리 영상과 함께해요.

알아 두면 쓸모 있는 요리 이야기
메뉴에 얽힌 이야기와 기본 정보는 요리하기 전에 읽어두면 유용해요.

모든 계량은 계량스푼 기준
재료와 양념의 양은 4~5인분 기준, 모든 계량은 계량스푼을 기준으로 표기했어요. 계량스푼은 1큰술=15ml/g, 0.5큰술=7ml/7~8g이고, 참고로 일반적인 밥숟가락은 보통 1큰술=10ml/g이에요.

주말에는 왠지 양식으로 기분을 내고 싶을 때가 있죠? 노릇노릇하게 잘 구운 닭에 시금치를 넣어 만든 토마토소스를 올려 먹었어요. 토마토는 여름이 제철이라 달콤 새콤한 맛이 진하고, 소스로 만들면 감칠맛도 풍부해져요. 남편은 잠깐 시식하는 사이에 옷에 다 흘리고 먹었네요! 참고로 옷에 묻은 얼룩은 과산화수소로 쉽게 지워져요. 건강하면서 색감도 예뻐서 눈도 입도 즐거워지는 토마토 닭구이로 여유로운 주말 아침 시작해보세요.

레시피 속 간장은 진간장, 설탕은 정제하지 않은 건강한 마스코바도 설탕
간장은 진간장, 설탕은 정제하지 않은 건강한 마스코바도 설탕, 들깻가루는 껍질을 벗기지 않은 들깻가루를 사용했어요.

아이에게 맞춰 간이 심심하니 기호에 따라 간 조절
아이와 어른이 함께 먹는 음식이라 싱겁게 간했어요. 꼭 맛을 보고 기호에 맞게 간을 추가해요. 먼저 아이용 식사를 덜고 어른 입맛에 맞게 간하거나 고춧가루, 고추장, 고추 등 매콤한 양념을 첨가해요.

재료
○ 닭정육 900g
○ 방울토마토 1kg
○ 시금치 한 봉
○ 치즈(생략 가능)

양념
○ 올리브유 2큰술
○ 소금 0.5큰술
○ 후추 0.5큰술
○ 버터 20g
○ 다진 마늘 1큰술

양념소스
○ 참치액 1큰술
○ 설탕 1큰술
○ 케첩 1큰술

만드는 법
1. 방울토마토는 깨끗하게 씻은 후 반으로 썰어줘요. 크기가 작으면 그냥 사용해도 돼요.
2. 팬에 올리브유를 두르고 닭고기 껍질 부분이 아래로 가도록 넣어 소금, 후추 뿌리고 익혀줘요. 중불로 대략 5분, 뒤집어 또 5분을 두 번 반복해서 잘 익혀줘요.
3. 닭고기를 구웠던 팬에 버터를 녹인 후 다진 마늘 넣어 중불로 30초 볶아줘요.
4. 방울토마토 넣어 중불로 대략 12분 볶아줘요.
5. 양념 소스를 넣어 중불로 1분 끓인 뒤 시금치 넣어 중불로 30초간 익혀줘요.
6. 밥, 닭고기, 토마토소스 올려주고 취향에 따라 치즈 올려 완성해요.

요리꿀팁 닭고기 구운 팬에 소스를 만들기 전에 닭고기 기름이 너무 많으면 조금 제거해줘요.

음식을 더 맛있게 하는 꿀팁 대방출
아이 식사와 어른 식사에 각기 추가하는 재료나 양념, 더 맛있게 먹는 비법 한 스푼을 참고해서 만들어보세요.

생략하거나 대체해도 OK
재료는 주재료와 양념으로 나눠 표기했어요. 미리 버무려 밑간하거나 따로 섞어야 하는 양념장, 생략 가능한 재료도 적어 두어 따라 만들기 쉬워요. 모든 재료가 없더라도 비슷한 재료로 대체해도 괜찮아요.

intro 01

수연이네 식탁의 7가지 원칙

매일 밥을 짓고, 반찬을 만들고, 식탁에 앉는 일.
누군가에겐 반복되는 일상일지 모르지만, 우리 가족에게는
'오늘 하루도 잘 보내자는 약속'이예요. 그래서 수연이네
식탁에는 작은 철학이 담겨 있어요. 거창하거나 특별한 원칙은
아니지만, 매일을 조금 더 따뜻하게, 가족을 조금 더 가깝게
해주는 일곱 가지 마음의 약속입니다.

Homemade

01 한 끼는 가족 모두 함께

"밥 먹자!"라는 말은 사실 "같이 있어줘"라는 뜻이에요.
각자 바쁜 일정 속에서 하루 세 끼를 다 같이 먹기는 어려울 수 있지만,
하루 한 끼라도 함께 모여 밥을 먹으며 우리는 서로 마음을 나누고 확인할 수 있어요.
식탁에 둘러앉아 "오늘 기분이 어때? 어젯밤엔 무슨 꿈 꿨어?"라고 물을 수 있는 이 시간이
가족들의 마음속에 따뜻한 온기를 심어주고, 또 내일로 나아갈 힘이 되어줄 거예요.

02 메뉴는 단순하지만, 영양은 풍성하게

꼭 복잡한 요리를 해야 하는 건 아니에요!
바쁜 날에는 한 그릇 요리도 영양 가득한 식탁이 됩니다.
완밥하는 수연이네 식탁의 비결은 '정성'과 '기본'에 있어요.
매일 먹어도 질리지 않는 집밥은 단순하지만 기본에 충실한 조리법,
정성이 담긴 든든한 한 그릇에서 시작된답니다.

03 아이 입맛도 존중, 엄마 마음도 존중

늘 아이가 좋아하는 음식만 해줄 수는 없고,
그렇다고 아이가 싫어하는 음식을 억지로 먹일 수도 없는 노릇이죠.
그래서 찾은 방법은 '조금씩 맞춰가기'.
아이의 입맛도 존중하면서, 엄마도 에너지를 모두 소진하지 않도록 말이에요.
함께 입맛을 넓혀가는 과정에 스트레스를 받기보다는 이 시간이 즐겁고 행복하도록
조급해하지 말고 작은 한 걸음부터 나아가요.

04 완밥을 강요하지 않아요

먹는 양보다 중요한 건, 먹는 마음이에요.
밥을 다 먹으면 물론 좋죠. 하지만 때로는 입맛이 없을 수도 있고, 피곤할 수도 있어요.
밥 한 그릇을 비우는 것보다, 한 숟갈이라도 스스로 떠먹는 용기가 더 소중합니다.
"오늘은 한 입 더 먹었네! 기특하다", "맛있게 먹어줘서 고마워" 하는 진심을 표현해주세요.
완밥은 결과가 아니라 '과정'이에요. 강요보다는 응원으로 지켜봐줘요.

05 편식은 천천히, 즐겁게 극복

채소를 처음부터 잘 먹는 아이는 거의 없어요. 어른인 우리도 어릴 땐 그랬잖아요.
그래서 수연이네 식탁에서는 '억지로 먹이기' 대신 '자꾸 마주치게 하기'를 선택해요.
매번 먹지 않아도 괜찮아요. 하지만 식탁에 늘 그 채소가 자리하고 있기만 해도,
아이는 언젠가 자연스럽게 손을 뻗게 되더라고요.
"오늘은 향만 맡아볼래?", "한 입만 씹어보고 뱉어도 돼." 이렇게 가벼운 말을 건네면,
마음의 문도 조금은 열리죠.
억지보다 익숙함, 설득보다 반복. 먹게 하려는 식탁보다, 안심하고 거절해도 되는 식탁에서
아이들은 편식과 천천히, 하지만 확실하게 멀어져가는 중이에요.

06 밥 먹는 시간은 행복한 게 우선

식탁은 괴로운 공간이 아니라 대화와 웃음이 가득한 공간이어야 해요.
먹는 시간만큼은 부드러운 말, 따뜻한 눈빛, 서로에 대한 관심을 나눠봐요.
분위기가 달라지면 아이들이 식사 시간을 대하는 태도도 달라진답니다.
식사는 '영양 보충'이기도 하지만, 더 중요한 건 바로 '마음 보충'이에요.

07 조금 부족해도 괜찮아

오늘 반찬이 좀 부족하다고 속상해하지 마세요.
냉장고에 있는 재료로 대충 차렸다고 자책하지 마세요.
중요한 건 '뭘 먹었느냐'가 아니라, '누구와 어떻게 먹었느냐'예요.
오늘의 식탁은 엄마의 숙제가 아니라, 가족이 서로를 위로하고 응원하는 작은 무대랍니다.
완벽한 식탁보다, 따뜻한 마음이 담긴 식탁이 가장 근사해요.

intro 02

수연이네 식탁에서
자주 쓰는 재료들

수연이네 완밥을 위한 요리는 생소하거나 거창한 재료가 들어가지 않아요.
냉장고와 찬장 속, 늘 손 닿는 곳에 있는 익숙한 재료만으로도 충분히 따뜻하고
든든한 밥상이 완성되거든요. 매 끼니마다 자주 사용하는 식재료와
양념들을 한자리에 모아 소개해드릴게요. 활용도가 높고 아이들을 위한 영양소까지
듬뿍 채워주니 매 끼니 고민이 훨씬 줄어들 거예요.

Flavor

"이 재료들만 있으면,
오늘 한 끼도 걱정 없어요."

대파
볶음이나 국물 요리에 빠지지 않고 들어가는 재료예요. 생으로 넣으면 시원한 향을 더해주고, 익히면 단맛이 나서 아이들도 잘 먹는답니다. 깨끗하게 씻고 손질한 뒤에 물기를 제거하면 일주일 정도 냉장 보관할 수 있고, 오래 두고 먹을 때는 용도에 따라 잘라서 소분한 뒤 냉동해서 바로 사용할 수 있어요.

마늘
마늘은 요리의 향을 살리고 고기의 잡내를 잡아주는 역할을 해서 거의 모든 한식에 필수죠. 기름에 볶으면 감칠맛과 풍미를 더해주고, 국물 요리에 넣으면 깊은 맛이 더해져요. 수연이네 레시피의 거의 모든 국물 요리, 볶음 요리에 들어가는 든든한 식재료예요.

양파
생양파는 매운 맛이 있어서 잘 못 먹는 아이들도 있지만, 양파를 익히면 매운 맛이 사라지고 자연스러운 단맛이 올라와요. 잘게 다져서 볶음 요리나 고기 요리에 넣으면 몰래 감칠맛을 더해주는 감초 같은 식재료랍니다. 국에 넣어 끓이면 흐물흐물 부드럽게 익어서 씹는 맛도 부드러워져요.

두부
두부는 국물 요리 등의 부재료로 사용하기에도 활용도가 좋지만, 메인 요리로도 믿음직스러운 식재료예요. 단백질이 풍부해서 고기 대용으로도 즐겨 사용해요. 부드럽고 단백해서 속이 편안해진답니다. 노릇하게 구워서 식감을 살려 고소하게 먹어도 좋고, 으깨서 고기, 달걀, 채소 등과 섞어 활용해도 좋아요.

달걀
아이들의 성장에 꼭 필요한 단백질이 풍부한 달걀은 다양한 요리와 잘 어울려요. 부드럽고 고소해서 스크램블로도, 지단으로도, 국물에 풀어 먹어도 맛있죠. 조리가 간편해서 바쁜 아침에 활용하기도 좋아 언제나 냉장고에 있어야 마음이 놓이는 재료예요!

감자
국, 조림, 찜, 볶음까지 감자 하나로 만들어낼 수 있는 요리는 정말 다양해요. 부드럽고 포슬한 식감 덕분에 아이들도 부담 없이 먹을 수 있고, 양념과 잘 어우러지는 감칠맛으로 어디에 넣어도 잘 어울리죠! 냉장보다는 서늘한 곳에 두면 오랫동안 보관할 수 있어 손이 자주 간답니다.

애호박
부드럽고 은은한 단맛이 있어 찌개, 볶음, 국수 고명까지 활용도가 높은 만능 채소예요. 특별히 손질이 복잡하지도 않아서 바쁠 때 후다닥 썰어 사용하기에도 좋습니다. 다른 재료와도 잘 어우러지면서 속이 편안한 식재료라 자주 활용하는데, 색감을 더해주는 역할도 해서 눈이 즐거워요.

된장·고추장·간장
조림, 무침, 찌개, 국 어디에나 들어가는 한식의 기본 양념이에요. 된장은 고소하고 구수한 맛으로 국물의 깊은 맛을 더해주고, 고추장은 매콤한 감칠맛을 살려줘요. 아이들과 먹을 때는 고추장의 양을 조절해서 활용하거나 간장으로 대체하기도 해요! 간장은 재료 본연의 맛을 해치지 않으면서도 간을 맞춰서 음식의 밸런스를 높여줘요. 진간장과 국간장은 구분해 쓰는 것이 좋은데, 진간장은 짠맛이 강하지 않아 아이들 반찬에 사용하기에 좋아요.

설탕·소금·후추·맛술
기본 간을 맞추고 맛의 균형을 잡아주는 가장 기본 양념들! 소금과 설탕은 너무 짜거나 달지 않도록 조금씩 넣으면서 간을 조절해주면 좋아요. 요즘엔 설탕 대신 올리고당이나 매실청을 활용하기도 해요. 후추는 조금만 넣어도 감칠맛을 살려주고, 맛술은 고기나 생선의 잡내를 잡으면서도 단맛을 더해주는 감초 같은 역할이에요.

참치액
참치액은 소량만 넣어도 감칠맛과 풍미를 더해주는 요긴한 양념이에요. 찌개나 국을 끓일 때 육수 대용으로 깊은 맛을 내기에도 좋고, 간장보다 덜 짜면서 냄새가 강하지도 않아 볶음, 무침 등의 요리에 맛을 내기도 유용해요. 뭔가 빠진 것처럼 심심한 맛을 채워주는 비법 양념이라서 수연이네 다양한 메뉴에도 자주 등장해요. 만약 참치액이 싫다면 대신 백간장을 사용해도 좋아요.

참기름·들기름
요리의 시작과 끝에 고소한 향이 솔솔 풍기면 절로 입맛이 돌죠. 참기름과 들기름은 둘 다 고소한 풍미를 내주지만 참기름은 주로 음식의 마무리에 한 방울, 들기름은 볶음이나 국물 요리에서 향을 살려주는 역할을 해요. 둘 중 하나만 구비해도 되지만 각각 용도에 따라 구분해 쓰면 요리를 한층 업그레이드해줄 거예요!

들깨가루
볶은 들깨를 곱게 갈아서 만든 들깨가루는 고소한 맛이 정말 좋아요. 감자탕, 칼국수, 미역국 같은 국물 요리에 넣으면 부드럽고 고소한 풍미가 올라가고, 나물이나 감자 요리에 활용해도 포근한 맛이 살아나요. 들깨가루 하나만 추가해도 깊고 풍성한 맛을 낼 수 있어서 꼭 구비해두기를 추천해요. 들깨가루는 꼭 냉장 보관하고, 오래 두고 먹을 때는 냉동 보관해 주세요.

버터
버터는 주로 크리미하거나 고소한 풍미를 살리는 요리에 활용해요. 마늘, 양파, 단호박 등의 재료와 조화가 좋고 생크림과 함께 사용하면 더 부드러운 맛을 낼 수 있어요. 특히 한식과 양식의 경계를 넘나드는 퓨전 스타일의 요리를 만들 때 유용하답니다.

그 외 가루류
생강가루, 계피가루, 버섯가루 같은 향신 가루들은 익숙한 요리에 새로운 느낌을 줄 수 있어요. 생강가루는 고기나 국물 요리의 잡내를 없애주면서도 풍미를 살려주고, 계피가루는 은은하면서 깊이 있는 향을 내줘요. 생략해도 되지만 있으면 간단한 요리에도 풍성한 느낌을 줄 수 있으니 한번 활용해보세요.

이 재료들은 수연이네 식탁의
가장 기본이에요. 익숙하고
친숙한 재료들이지만 이를
바탕으로 얼마든지 다양하고
맛있는 요리를 만들 수 있답니다!
장을 볼 때, 오늘 메뉴를 고를 때
한번씩 떠올려보세요. 완밥은
거창하고 화려한 요리가 아니라
생각보다 가깝고 친근한 재료에서
시작되니까요.

intro 03

아이의 완밥을 도와주는 식습관 Q&A

입맛 까다로운 아이들의 식사는 한 끼도 쉽지 않죠. 음식에 관심을 갖게 하고
식탁에 앉히는 것부터가 난관인 경우도 참 많습니다. 하지만 완벽하진 않아도 분명히 어제보다
오늘, 오늘보다 내일은 조금씩 달라질 수 있어요! 좋은 식습관은 온 가족이 매일 함께하는
식사 자리를 더욱 행복하고 풍족한 시간으로 만들어줄 거예요.
수연이네 식탁에도 많이 궁금해하시는 현실적인 고민과 팁을 나눠볼게요.

Q1 채소는 보자마자 거부해요. 어떻게 시작하면 좋을까요?

A 채소는 대부분 아이들이 싫어하는 '처음 음식'이에요. 채소보다는 달콤하고 자극적인 맛에 관심을 갖는 건 인간의 아주 자연스러운 반응이죠. 억지로 먹이려고 하면 그 채소에 대한 부정적인 인식이 오히려 강해질 수 있으니, 먼저 익숙해질 수 있게 해보세요. 채소를 하나하나 직접 만져보고, 잘라보며 놀이처럼 재미있게 접근하는 것이 좋아요. 또 좋아하는 음식에 채소를 잘게 다져 살짝 섞어주거나, 생채소를 익혀주면 잘 먹는 경우도 많답니다. 무엇보다 채소에 관심을 갖거나 한 입만 먹더라도 "오늘은 당근 맛을 느껴봤네!" 하고 크게 칭찬해주세요. 아주 조금씩, 한 걸음씩만 가까워져도 충분합니다.

Q2 밥보다 간식이 좋은 아이, 어떻게 하죠?

A 아이들에게 간식은 달콤하고 재미있는 '보상'처럼 느껴져요. 보통 식사보다 자유롭고, 포장을 뜯어 먹는 과정조차 놀이 같은 경험이라 계속 찾게 되는 거죠. 해결책은 생각보다 간단해요! 정해진 식사 시간 전에 간식은 최대한 피하고, 또 건강한 간식으로 대체해보세요. 가공식품보다는 자연식품 위주로, 과일이 올라간 요거트나 손으로 잡고 먹을 수 있는 당근 스틱도 좋은 간식이 될 수 있어요. 무엇보다 간식보다는 식사 시간의 즐거움을 느낄 수 있도록 해주세요! 엄마와 식탁에 마주 앉아 눈을 보며 밥 먹는 행복을 자주 느끼다 보면, 식사 시간 자체가 아이에게 좋은 기억이 될 거예요.

Q3 밥을 혼자 먹도록 하면 숟가락을 놓는 아이, 스스로 먹게 할 수 없을까요?

A 아이가 스스로 밥을 먹는 건 생각보다 많은 에너지가 필요한 일이에요. 손에 묻고 흘리는 게 싫을 수도 있고, 엄마가 먹여주는 데 익숙해졌다면 혼자 먹는 건 귀찮고 번거롭게 느껴질 수도 있는 거죠. 하지만 밥을 혼자 먹는 힘을 기르는 건 아이의 자립심을 키우는 과정이기도 해요. 이럴 땐 "오늘은 두 숟가락만 ○○가 직접 먹어볼까?" 하고 한 입부터 차근차근 시작해보세요. 묻고 흘리더라도 시도 자체를 크게 칭찬하고, 느리더라도 따뜻하게 기다려줘야 해요. 아이가 혼자 밥 먹는 일을 즐겁게 느낄 수 있도록 해주는 것이 가장 중요합니다. 추가로 아이가 좋아하는 캐릭터의 전용 식기나 수저를 마련해주는 것도 동기 부여가 될 수 있어요!

Q4 한두 숟갈 먹고는 늘 "배불러요" 해서 걱정돼요.

A 아이들은 소화기관이 작고 에너지는 많이 사용해서 '조금씩 자주' 먹는 리듬이 자연스러워요. 또 아이들은 식사의 '양'보다 '식사에 집중할 수 있는 시간'이 식사량을 좌우해요. 자꾸 더 먹이려고 하면 식사 시간을 부담스럽게 느낄 수 있으니, 오히려 음식을 작은 그릇에 담아 '완밥' 성공 경험을 만들어주세요. 아이가 '다 먹었다'는 성취감을 자꾸 느껴보면 다음에는 "더 주세요!"를 요청하게 될 거예요.

Q5 아이가 자꾸 같은 메뉴만 먹으려고 해요. 괜찮을까요?

A 아이가 늘 같은 메뉴만 고집하는 건 많은 부모님들의 고민이에요. 아이들은 익숙한 맛에서 안정감을 느끼다 보니 자연스럽게 같은 메뉴만 찾을 수 있어요. 이럴 때는 익숙한 메뉴에 새로운 식재료를 조금만 섞어서 다양한 맛을 슬며시 접해볼 수 있게 해보세요. 혹은 달걀을 하루는 스크램블로, 하루는 오믈렛으로 먹는 것처럼 조리법을 바꿔서 시도해보는 것도 좋아요. 자주 접하고 노출되면 거부감이 줄어들 수 있으니, 음식을 먹지 않더라도 재료를 만지고 냄새 맡아보게 해주는 것도 도움이 된답니다!

Q6 식사에 집중하지 못하고 밥 먹다가 자꾸 일어나요. 가만히 앉아 먹게 하는 팁이 있을까요?

A 밥은 앉아서 먹는 거라고 아무리 말해도 아이들은 자꾸만 자리에서 일어나죠. 아이들이 식사에 집중하지 못하는 건 무척 흔한 일이에요. 특히 유아기에는 10분 이상 한 자리에 앉아 식사를 하는 것 자체가 어려운 과제일 수 있어요. 가능하면 주변에 장난감, TV는 치우고 식사 시간은 즐겁게 식사만 한다는 걸 자연스럽게 알려주는 것이 좋아요. 이때 훈육에 집중하기보다는 '즐거운 식사 경험'을 쌓아나간다고 생각해보세요. '앉아 있었던 행동' 자체를 칭찬해주고, 온 가족이 화기애애하게 밥 먹는 분위기를 형성해가는 거죠. 설령 밥을 다 먹지 않아도 괜찮아요. '앉아서 먹는 연습'을 오늘은 해낸 거니까요.

Q7 식사할 때 영상을 안 보여주면 안 먹어요. 끊고 싶은데 어떡하죠?

A 영상을 보며 먹는 습관, 고치고 싶지만 쉽게 안 되죠. 처음에는 영상을 보여주면 잘 먹는 것 같지만 장기적으로는 식습관 형성에 부정적인 영향을 줄 수 있어요. 영상이 없으면 식사를 아예 지루하게 느끼게 되는 거죠. 바로 끊기 어렵다면 조금씩 줄여보세요! 처음에는 영상을 틀어주다가 5분 후에 멈추는 식으로요. 그 대신 오늘 있었던 일이나 음식에 대한 주제 등 적극적인 대화로 빈 자리를 채워줘요. "오늘 이 밥, 무슨 색이지?", "엄마는 이 반찬이 제일 좋아!" 이런 말 한마디가 아이를 화면보다 더 끌어당길 수 있어요.

Q8 식사 시간이 너무 힘들어요. 매번 잔소리하고 화만 내요.

A 엄마 아빠가 가장 지치고 마음 아픈 순간이에요. 매번 돌아오는 식사 시간마다 실랑이를 하게 되면 부모에게도 스트레스가 되죠. 그럴 땐 먼저 스스로에게 말해주세요.
"오늘 한 끼 완벽하지 않아도 괜찮아. 우린 잘하고 있어."
편식하지 않는 것, 밥을 다 먹는 것보다 중요한 건 식사 시간이 '즐거워야 한다'는 점이에요. 식탁은 전쟁터가 아니라 하루의 소중한 쉼표가 되어야 하지 않을까요? 그러니 오늘은 조금만 힘을 빼보세요. 온 가족의 '따뜻한 식사 경험'이 쌓이다 보면 완밥은 자연스럽게 따라온답니다.

intro 04

고물가 시대, 수연이네가 제안하는
"1만 원 완밥 밥상" 5가지 조합

요즘처럼 장바구니 물가가 무거울 때는 매 끼니마다 고민이 더해져요.
다양한 영양소를 고루 섭취하는 것도 중요하고, 한 끼의 예산도 적절히 조절해야 하죠. 하지만
꼭 비싼 재료가 없어도, 화려한 상차림 없이도 온 가족이 함께 웃으며 식사하는 '완밥의 순간'은
얼마든지 계속됩니다. 오늘 소개할 다섯 가지 밥상은 『수연이네 완밥 레시피2』에 실린
실제 메뉴로만 구성한 "1만 원 온 가족 밥상"이에요. 냉장고 속 기본 재료와 마트에서
장 본 몇 가지만으로도 충분히 차릴 수 있는, 마음까지 든든한 한 끼입니다.

밥상 ① "국 없이도 뚝딱 한 그릇 밥상"

가지 ✚ 양파 ✚ 대파

국 없이도 한 그릇 뚝딱 가능한 '덮밥형 완밥 밥상', 가지 덮밥!
부드럽고 촉촉한 가지를 달큰하게 양념해서 밥 위에 올려주면
간단하고도 훌륭한 덮밥이 완성돼요.
마트에서 쉽게 볼 수 있는 가지에 달달한 양파, 시원한 대파만으로도
영양 가득 든든한 한 끼를 챙길 수 있답니다.
재료는 아주 간단하지만 맛은 부족함 없는 고마운 메뉴예요.

밥상 ② "냉장고 파먹기! 기본 재료를 특별하게 바꾸는 밥상"

무 ✚ 감자 ✚ 당근 ✚ 오이고추 ✚ 참치

매 끼니 요리를 하다 보면 꼭 얼마씩 남는 채소들이 생겨요.
냉장고에 늘 있는 기본 채소에 참치캔 하나 더하면
별다른 반찬 없이도 든든하고 맛있는 한 끼를 만들 수 있어요.
양념을 머금은 부드러운 채소가 마음까지 따뜻하게 덥혀주는 감당무조림입니다.
꼭 이 재료가 아니더라도 집에 있는 채소, 참치 대신 다른 고기를 사용해도 좋아요.
부담 없는 재료로 감칠맛 가득한 집밥 한 끼를 완성해보세요!

밥상 ③ " 바쁜 아침에도 든든하고 친근한 밥상"

달걀 ＋ 쪽파 ＋ 오이

달걀후라이의 변신! 집에 항상 구비되어 있는 달걀로
달걀후라이를 만들어 양념장을 더해 먹으면
너무 익숙하고 친근한 재료로도 특식 느낌이 나요.
아이들이 유난히 배고프다고 보채는 바쁜 아침에도
순식간에 완성할 수 있는데다가
간단한 과정과 달리 맛은 부족함 없이 꽉 차 있답니다.

밥상 ④ "익숙한 듯 근사한 특식 두부 밥상"

두부 ＋ 청경채 ＋ 방울토마토

두부는 다양한 요리의 부재료로도 활용도가 높지만
얼마든지 메인 요리가 될 수도 있어요.
늘 냉장고에 구비되어 있는 든든한 단백질, 두부로 만든 두부 탕수는 어떨까요?
두부를 노릇하게 굽고 청경채와 방울토마토를 더해서
새콤달콤한 탕수를 만들면 근사한 특식이 완성돼요.
아주 익숙한 식재료를 한층 특별하게 변신시켜서
아이들 입맛을 사로잡을 수 있는 메뉴이니 꼭 만들어보세요!

밥상 ⑤ "마음까지 덥혀주는 국물 한 그릇 밥상"

황태 ＋ 국수

재료도 부담 없이 간단하고 재료 손질도 간단한 황태국수는
과정에 비해 정말 깊은 국물 맛이 나서 깜짝 놀라실 거예요.
국밥처럼 밥을 말아 먹어도 좋지만
국수를 말아 먹어도 부드럽게 술술 잘 들어가는 따끈한 한 끼입니다.
속이 편하면서도 든든해서 아이도 어른도 맛있게 즐길 수 있어요.

intro 05

완밥의 시작! 수연이네 장보기 노하우

마트에서 사고 싶은 걸 무작정 카트에 담았다가 결국 쓰지도 못하고 버린 쓰라린 기억······
누구나 한 번쯤 있지 않나요? 요리를 잘하는 것도 중요하지만, 요리에 앞서 더 중요한 게 바로
장보기입니다. 특히 아이를 키우는 집에서 한창 정신없는 저녁 시간에 '냉장고에 뭐 있더라?',
'아, 두부 있는데 또 샀네' 하는 순간이 반복되면 벌써 기운이 빠지죠.
생각 없이 중구난방으로 장을 보면 막상 어떻게 먹을지 떠오르지 않아 고민만 커지고요.
장을 보기 전에 몇 가지만 기억하면 식사 준비가 훨씬 더 간편해질 거예요!

장을 보기 전에, 이 다섯 가지만 생각해보세요

1 냉장고 속 재료를 먼저 확인해요.
냉장고 속에 애매하게 남은 대파, 두부 반 모, 반 개 남은 양파······ 일부러 기억하고 확인해두지 않으면 기억 속에서 사라져서 있는데 또 사게 되는 재료들이에요. 특히 늘 구비해두는 기본 식재료들은 집에 얼마나 남았는지, 뭐가 똑 떨어졌는지 장보기 전에 체크해보세요.

2 미리 이번 주의 식단 구성을 해요.
단 한 가지 메뉴를 위해서 식재료를 사면 남은 재료를 잔뜩 방치하게 돼요. 겹치는 재료를 다시 사용할 수 있도록 미리 이번 주의 식단을 구성해보세요. 예를 들어 감자로 감자조림, 감자채볶음, 카레까지 만들겠다고 구상하면 감자 한 봉지를 알차게 소진할 수 있어요.

3 '제철' 식재료를 담아보세요.
고물가 시대에 제철 식재료는 맛도 좋고 가격도 착해서 수연이네 식탁에서도 계절별로 다양하게 활용해요. 여름엔 애호박·가지, 가을엔 버섯·단호박, 겨울엔 무·대파! 제철에 나오는 식재료를 구매하면 가격도 깜짝 놀랄 만큼 저렴할 때가 많아요.

4 장보기 리스트는 카테고리별로 정리해요.
단기 소진해야 하는 신선식품, 오래 보관할 수 있는 냉동식품, 다 떨어져서 새로 사야 하는 양념 등 카테고리별로 미리 정리하면 효율적으로 장을 볼 수 있어요. 한번에 정리하기보다 평소에 필요한 걸 조금씩 메모해두는 것도 좋아요.

5 장을 본 뒤, 손질까지 마무리해두세요.
장을 본 뒤에 필요한 손질을 미리 해두면 평일에 요리 시간은 절반으로 줄어들어요. 대파는 송송 썰어서 냉동, 마늘은 다져서 소분, 두부는 물에 담가 냉장 보관해두면 매번 활용하기에도 편리해요!

수연이네의 현실적인 장보기 팁

'충동'보다는 '루틴'으로 방문해요.
계획 없이 마트에 들르면 눈에 띄는 식재료나 군것질을 무심코 사게 돼요. 장보기의 주기를 루틴처럼 정해두면 미리 사야 할 걸 계획하고 방문해서, 충동 구매를 줄이고 필요한 항목만 알차게 구매할 수 있어요.

할인은 좋지만, 너무 많이 사지 않기로 해요.
'2+1' 행사에 혹해서 사온 물건들이 결국 사용하지 못한 채 유통기한을 넘기는 경우가 많아요. 지금 당장 쓸 수 있는 만큼만, 할인을 덜 받더라도 불필요한 걸 안 사는 게 오히려 알뜰한 거예요.

오늘 쓸 건 오늘 사고, 다음 주에 쓸 건 다음 주에 사요.
일주일치 식재료를 한꺼번에 다 사려고 하면 생각보다 많은 재료가 남고, 그걸 처리하느라 스트레스를 받게 돼요. '3일 기준 장보기' 정도로만 계획을 잡아보면 마음이 훨씬 편해져요.

재료별 3일 식단 구성 예시

감자 활용 3일 식단

day 1 순살감자탕

큼직하게 썬 감자를 고기, 버섯, 깻잎과 함께 푹 끓인 감자탕! 들깨가루를 넣어 더 깊은 맛이 나는 뜨끈한 국물 요리예요.

day 2 감자글로리

베트남의 모닝글로리에 감자를 채 썰어 넣어 변형했어요. 아주 간단하면서도 공심채와 감자의 조화가 생각보다 무척 좋아요!

day 3 감당무조림

남은 감자는 냉장고의 다른 채소와 함께 깍둑 썰기해서 간장 양념과 함께 맛있게 조려 밥반찬으로 먹어요.

두부 활용 3일 식단

day 1 두부돈부리

두부와 달걀을 얹어서 만든 일본식 덮밥이에요. 두부가 듬뿍 들어가 단백질 가득! 포슬하고 촉촉한 식감 덕분에 아이들도 좋아해요.

day 2 두부탕수

고기 없이 두부를 노릇하게 구운 뒤 방울토마토, 청경채와 함께 새콤달콤하게 볶아내면 색다른 탕수가 완성돼요.

day 3 미나리 국

맑은 미나리 국에 두부를 넣으면 부드럽고 단백한 맛이 더해져요. 미나리와 무, 간단한 육수 재료로 금방 만들 수 있는 쉬운 메뉴랍니다.

명란 활용 3일 식단

day 1 — 명란미역국

명란을 먹기 좋게 썰어 미역국에 넣어 먹으면 새로운 맛이에요. 짭쪼롬한 명란이 국에 풍미를 더해주고 감칠맛이 폭발해 깜짝 놀라실 거예요.

day 2 — 명란크림스튜

껍질을 제거한 명란을 부드러운 크림 소스에 더하면 고급스러운 크림스튜가 완성돼요. 미리 껍질을 제거해서 밀폐용기에 담아 냉동해두면 스튜나 국물 요리에 바로 넣기도 좋아요.

day 3 — 감자명란솥밥

부드러운 감자와 짭짤한 명란을 함께 넣고 밥을 지으면 정말 근사한 맛이에요! 명란은 한식과 양식을 넘나드는 퓨전 요리와도 잘 어울려 다양하게 활용할 수 있어요.

양파 활용 3일 식단

day 1 — 가지덮밥

부드럽고 촉촉한 가지에 양파를 함께 볶아주면 뚝딱 덮밥 한 그릇 완성! 특히나 양파는 익히면 단맛이 올라와서 아이들도 아주 잘 먹어요.

day 2 — 차돌쌀국수

얇게 채썬 양파는 고기와 함께 볶아 육수에 넣으면 국물 맛이 더 깊어져요. 특별한 육수 없이도 차돌, 대파, 양파가 각각 제 역할을 훌륭히 해내는 메뉴예요.

day 3 — 항정덮밥

고소한 항정살에 채썬 생양파를 곁들이면 고기의 느끼함을 잡아주면서 아삭한 식감 덕분에 궁합이 최고! 양파는 활용도가 높아 한 망을 사두면 일주일도 든든해요.

장을 잘 보면 요리가 쉬워지고,
요리가 쉬워지면 식탁이 편안해지고, 식탁이 편안해지면
하루가 더 따뜻해집니다. 완밥의 시작은 그리 거창하지 않아요.
장바구니에 넣은 익숙한 식재료, 냉장고에 있는 남은 식재료에서
출발해도 충분해요. 그저 '오늘 저녁은 뭘 먹을까' 생각하는
따뜻한 마음 자체가 우리 가족의 한 끼를 지켜주는
가장 든든한 습관이 될 거예요.

Part 1

여름 밥상

더위를 날리는 입맛 돋는 활력 밥상

SUMMER

menu 001
닭도리탕

SUMMER　　AUTUMN　　WINTER　　SPRING　　DADDY

햇볕이 쨍쨍 내리쬐는 여름이면 더위에 지치기도 하지만,
더 빨갛고 생생하게 익은 토마토가 눈에 들어와요. 토마토는
생으로 먹어도 좋지만 익혀 먹으면 영양분도 더 풍성하게
섭취할 수 있고 풍미도 한층 살아나죠. 그래서 토마토를 듬뿍
넣고 닭고기와 볶아 만든 닭'토'리탕을 준비해봤답니다.
다소 낯선 조합인가요? 막상 드셔보시면 토마토의 새콤한
산미가 촉촉하게 익은 닭고기와 어우러져 맛이 정말 좋아요.
든든한 여름철 보양식으로도 손색 없는 한 그릇이랍니다.

재료
- 닭정육 1kg
- 방울토마토 500g
- 당근 3개
- 양파 2개
- 미니새송이버섯 300g
- 대파 2개

양념
- 올리브유 2큰술
- 버터 20g

양념장
- 간장 4큰술
- 맛술 2큰술
- 굴소스 1큰술
- 물 10큰술
- 들깨 35g
- 다진 마늘 1큰술
- 후추 0.5큰술

만드는 법
1. 양파, 당근은 한 입 크기로 썰고 대파는 송송 썰어줘요.
2. 미니 새송이버섯은 흐르는 물에 가볍게 씻어 물기를 제거해 준비해요.
3. 방울토마토는 반으로 갈라줘요.
4. 냄비에 올리브유 두르고 닭고기는 껍질 쪽부터 넣어 노릇하게 앞뒤로 구운 뒤 가위로 먹기 좋게 잘라줘요.
5. 버터와 준비한 채소를 모두 넣어 중불로 5분 볶아줘요.
6. 방울토마토와 양념장을 넣고 뚜껑 닫아 중불로 20분 익혀 완성해요.

menu 002
미소가지덮밥

여름 햇볕을 듬뿍 받고 자란 가지는 수분감이 풍부하고
식감이 좋아서 간단하게 볶아 덮밥으로 먹으면 아주 쉽고
맛있게 즐길 수 있어요. 부드럽고 촉촉한 가지에 포슬포슬한
달걀을 익혀서 밥 위에 올려 먹으면 괜히 마음까지 몽글해지는
느낌이랄까요? 은은하면서도 구수한 미소된장을 더하면
평소 가지를 별로 안 좋아하시는 분들도 편하게 즐길 수 있는
익숙한 맛이 탄생해요. 취향에 따라 오이고추를 넣어서
식감을 더해줘도 좋답니다!

재료

- 가지 4개
- 달걀 10개
- 오이고추 5개(생략 가능)

양념

- 올리브유 4큰술
- 참기름 2큰술
- 깨 약간

양념장

- 미소된장 45g
- 맛술 2큰술
- 물 2큰술

만드는 법

1. 가지는 먹기 좋게 썰고 오이고추도 송송 썰어줘요.
2. 볼에 가지, 오이고추 넣고 달걀 넣어 잘 섞어줘요.
3. 팬에 올리브유 두르고 달걀물 부어줘요.
4. 중불로 달걀이 반쯤 익으면 양념장을 부어서 잘 섞어줘요.
5. 뚜껑을 닫아가며 중약불로 저어주면서 가지가 익을 때까지 대략 5~10분간 볶아줘요.
6. 불 끄고 참기름과 깨 뿌려 완성해요.

 너무 센 불로 조리하면 가지는 익지 않고 달걀은 탈 수 있어요.

menu 003

감자명란솥밥

여름에 수확하는 햇감자는 껍질이 얇고 전분이 적어서
더 부드럽고 촉촉한 맛이 나요. 다양한 메뉴에 활용하기도
좋아서 특히 여름에는 집에 늘 구비해둬요. 오늘은 부드러운
감자에 짭짤한 명란을 더해 감자명란솥밥을 만들어봤어요.
솥밥을 어렵게 생각하시는 분들도 있는데, 막상 만들어보면
의외로 간단하면서 근사한 한 끼가 탄생한답니다. 쪽파와
후리카케로 마무리하니 색감까지 예뻐서 먹기 전부터 입맛이
가득 돌아요. 맛을 보면 더 행복해지는 건 당연하고요!

재료

- 불리지 않은 쌀 370g
  (불리면 408g)
- 명란젓 5개~6개
- 감자 3개
- 당근 2개
- 달걀(인원 수만큼)
- 쪽파 한 줌
- 후리가케(생략 가능)
- 깨 약간

아이용 양념

- 맛술 0.5큰술
- 참기름 1큰술
- 물 130ml

어른용 양념

- 맛술 1큰술
- 참기름 1큰술
- 물 200ml

만드는 법

1. 감자, 당근은 사각 썰기하고 쪽파 송송 썰어요.
2. 아이들용 명란은 작게 썰어줘요.
3. 쌀은 깨끗하게 씻은 뒤 물 없이 15~30분 불려줘요.
4. 냄비에 불린 쌀 넣고 감자, 당근 올려줘요.
5. 아이용과 어른용에 맞춰 맛술, 참기름, 물을 넣어줘요.
6. 처음에는 센불로 뚜껑을 열어 끓을 때까지 기다려요.
7. 끓기 시작하면 달걀 1개, 명란은 기호에 맞게 넣어줘요.
   (어른용 2~3개, 아이용 1개)
8. 뚜껑 닫고 약불 3단 변경 후 10분 익혀줘요.
9. 5분 뜸 들여줘요.
10. 쪽파, 후리가케와 깨를 뿌려 완성해요.

menu 004

토마토닭구이

SUMMER　　AUTUMN　　WINTER　　SPRING　　DADDY

주말에는 왠지 양식으로 기분을 내고 싶을 때가 있죠?
노릇노릇하게 잘 구운 닭에 시금치를 넣어 만든 토마토소스를
올려 먹었어요. 토마토는 여름이 제철이라 달콤 새콤한 맛이
진하고, 소스로 만들면 감칠맛도 풍부해져요. 남편은 잠깐
시식하는 사이에 옷에 다 흘리고 먹었네요! 참고로 옷에 묻은
얼룩은 과산화수소로 쉽게 지워져요. 건강하면서 색감도
예뻐서 눈도 입도 즐거워지는 토마토 닭구이로
여유로운 주말 아침 시작해보세요.

재료
○ 닭정육 900g
○ 방울토마토 1kg
○ 시금치 한 봉
○ 치즈(생략 가능)

양념
○ 올리브유 2큰술
○ 소금 0.5큰술
○ 후추 0.5큰술
○ 버터 20g
○ 다진 마늘 1큰술

양념 소스
○ 참치액 1큰술
○ 설탕 1큰술
○ 케첩 1큰술

만드는 법

1 방울토마토는 깨끗하게 씻은 후 반으로 썰어줘요. 크기가 작으면 그냥 사용해도 돼요.

2 팬에 올리브유를 두르고 닭고기 껍질 부분이 아래로 가도록 넣어 소금, 후추 뿌리고 익혀줘요. 중불로 대략 5분, 뒤집어 또 5분을 두 번 반복해서 잘 익혀줘요.

3 닭고기를 구웠던 팬에 버터를 녹인 후 다진 마늘 넣어 중불로 30초 볶아줘요.

4 방울토마토 넣어 중불로 대략 12분 볶아줘요.

5 양념 소스를 넣어 중불로 1분 끓인 뒤 시금치 넣어 중불로 30초간 익혀줘요.

6 밥, 닭고기, 토마토소스 올려주고 취향에 따라 치즈 올려 완성해요.

- 닭고기 구운 팬에 소스를 만들기 전에 닭고기 기름이 너무 많으면 조금 제거해줘요.
- 치즈는 모짜렐라, 체다, 슈레드 치즈 등 종류가 다양해요. 요리에 어울리게 혹은 취향에 맞게 활용하면 풍미를 더해줍니다. 치즈의 자체 짠맛이 있으니 기본 간은 살짝 줄여줘도 좋아요.

오징어카레

menu 005

RECIPE

SUMMER　AUTUMN　WINTER　SPRING　DADDY

흔히 카레라고 하면 고기가 들어가는 걸 떠올리지만, 오징어처럼 쫄깃한 해산물이 카레와 만나면 식감이 살아 있어서 씹는 재미가 있고 감칠맛도 더욱 살아나요. 여름철에 가벼운 느낌으로 먹기에도 좋답니다. 오징어보다 좀 더 도톰하면서도 부드러운 갑오징어로 만들었더니 훤이도 아주 잘 먹더라고요. 저는 양파가 부족해서 대파를 넣었지만 양파가 있다면 양파를 넣어주세요. 대파랑 양파를 오래 볶을수록 단맛이 올라와서 맛있고, 계피가루를 넣으면 풍미도 확 살아나요.

재료
- 갑오징어 2마리
- 고형 카레 120g
- 당근 ¼개
- 대파 ¼개
- 양파 1개

양념
- 올리브유
- 버터 70g
- 다진 마늘 1큰술
- 맛술 1큰술
- 계피가루 약간(생략 가능)

만드는 법

1. 갑오징어 세척 후 너무 작지 않게 자르고 맛술 넣어서 섞어줘요.
2. 채소는 먹기 좋은 크기로 잘라줘요.
3. 팬에 올리브유 넉넉히 두르고 버터 넣어 녹인 뒤 다진 마늘 넣어 1분 볶아줘요.
4. 오징어를 제외한 채소를 모두 넣고, 대파 숨이 죽을 때까지 볶아줘요.
5. 고형 카레와 물 70ml 넣어 끓이다가 걸쭉해지면 오징어를 넣어줘요.
6. 오징어가 익으면 계피가루를 조금 넣고 1분간 끓여 완성해요.

- 대파가 어색한 아이들을 위해서는 대파를 더 오래 볶아줘요.
- 완성된 카레 위에 계피가루를 뿌려 드셔보세요.

menu 006
가지덮밥

SUMMER AUTUMN WINTER SPRING DADDY

가지는 살짝 호불호를 타기도 하는 식재료지만 달큰한
굴소스로 볶아내면 누가 먹어도 반할 만한 맛이 탄생해요.
가지를 듬뿍 올려서 만든 가지덮밥은 채즙이 마치 고기
육즙처럼 팡팡 터지는데요! 고기가 없이도 이렇게 맛있는
덮밥이라니 깜짝 놀라실 거예요. 취향대로 달걀후라이를
하나 올려 먹어도 좋고, 김가루로 마무리하셔도 잘 어울려요!
가지의 보라색 껍질에 황산화 성분도 풍부하다고 하니
제철에 꼭 챙겨드세요.

재료
○ 가지 8개
○ 양파 1개
○ 대파 1개

양념
○ 들기름 4큰술
○ 참기름 약간
○ 깨 약간
○ 고춧가루 약간

양념장
○ 굴소스 4큰술
○ 매실 1큰술
○ 맛술 1큰술
○ 고춧가루 0.5큰술(생략 가능)
○ 생강가루 0.5T(생략 가능)
○ 후추 0.5큰술

만드는 법
1. 양파는 채 썰고 대파는 송송 썰어줘요.
2. 가지는 2cm 두께로 채 썰어줘요.
3. 냄비에 들기름 두르고 대파 넣어 중불로 1분 볶아줘요.
4. 가지 넣어 중약불로 8분간 천천히 익혀줘요.
5. 양파를 넣고 양념장 끼얹어 중불로 3분간 볶아줘요.
6. 기호에 맞게 참기름, 깨, 고춧가루 추가해 완성해요.

 • 가지는 센불로 볶으면 기름만 흡수하고 탈 수 있으니 중약불로 천천히 익혀주세요.
• 가지는 기름을 흡수했다가 다시 뱉으니, 기름이 부족해 보여도 추가하지 않아도 돼요.

menu 007
맑은오리탕

무더위에 기운이 쭉 빠지는 여름에 특별한 보양식으로 먹기 좋은 맑은 오리탕이에요. 시원한 무와 향긋한 미나리를 더해서 끓여주니 맑고 깔끔한 국물에 속까지 편안해요. 들깨를 팍팍 넣은 진한 오리탕도 맛있지만 이렇게 맑은 국물도 별미네요. 뜨끈하게 국자로 듬뿍 퍼서 먹으면 축 늘어졌던 몸에 기운이 차오르는 느낌이에요. 여러분도 꼭 드셔보시고 기운찬 하루 보내세요!

재료
- 오리고기 800g
- 무 950g
- 미나리 270g
- 대파 2개

양념
- 들기름 4큰술
- 소금 0.5큰술
- 후추 0.5큰술

양념장
- 다진 마늘 2큰술
- 참치액 4큰술
- 맛술 2큰술
- 후추 1큰술(취향껏)
- 물 2.2L

만드는 법
1. 무를 반달썰기 해줘요.
2. 미나리는 먹기 좋게 썰고, 대파도 송송 썰어줘요.
3. 냄비에 들기름 4큰술 두르고 오리고기와 소금, 후추를 넣어 고기를 절반 정도 익혀줘요.
4. 무와 양념장 넣어 센불로 25분 끓여줘요.
5. 대파, 미나리 올려 센불로 1분 끓여 완성해요.

menu 008
감자글로리

문득 베트남의 대표적인 반찬인 모닝글로리가 생각났어요.
모닝글로리는 베트남식 공심채 볶음인데, 향과 맛이 강하지
않아서 어떤 음식과 곁들여도 잘 어울려요. 별거 아닌데
자꾸 생각나는 맛이더라고요! 저는 여기에 감자를 곁들이면
맛있겠다는 생각이 들어서 감자를 볶아 곁들여봤어요. 그래서
이름도 감자글로리랍니다! 아마 공심채와 감자를 볶아서
모닝글로리를 만든 건 제가 최초가 아닐까요? 의외로 아주
잘 어울리는 조합이니 새로운 맛으로 꼭 즐겨보세요!

재료
- 감자 3개 430g
- 공심채 600g
- 아몬드 약간

양념
- 올리브유 4큰술
- 다진 마늘 2큰술
- 소금 0.5큰술
- 후추 0.5큰술

양념장
- 멸치액젓 2큰술
- 굴소스 4큰술
- 설탕 4큰술
- 물 8큰술

만드는 법
1. 공심채를 깨끗하게 씻어 잎, 줄기를 나눠서 썰어줘요.
2. 감자는 채 썰고, 아몬드는 잘게 부셔줘요.
3. 팬에 올리브유 두르고 다진 마늘 넣어 중불로 30초 볶아줘요.
4. 감자를 넣고 소금, 후추도 넣어 중불로 5분간 볶아줘요.
5. 감자가 절반 정도 익으면 공심채 줄기 부분 먼저 넣고 중불로 3분 볶아줘요.
6. 공심채 잎 부분을 마저 넣고 양념장을 넣어 센불로 빠르게 1~2분 볶아줘요.
7. 접시에 밥, 감자글로리, 부순 아몬드 넣어 완성해요.

menu 009
오징어비빔밥

어젯밤에 남편이 약속이 있어 마트에 못 가고
새벽 배송으로 식재료 장을 봤어요. 부추를 주문해달라고
했더니 영양 부추로 주문을 했더라고요. 이것도 새로운 재료를
접하는 기회가 되네요! 그래서 오늘은 부추에 콩나물과 미역을
곁들여 만든 오징어 비빔밥입니다. 오징어가 아니라 다른
메인 재료를 사용해도 맛있어요. 남편은 고추장 대신
초고추장을 넣어서 맛있게 먹었답니다. 여러분도 냉장고에
있는 다른 재료를 자유롭게 이용해서 만들어보세요!

재료
- 오징어 2마리(600g)
- 콩나물 340g
- 부추 45g
- 대파 1개
- 양파 2개
- 미역 25g(불리지 않은 미역)

양념
- 올리브유 3큰술
- 다진 마늘 2큰술
- 참기름 약간
- 깨 약간
- 고추장(혹은 초고추장)

양념장
- 진간장 3큰술
- 설탕 2큰술
- 맛술 2큰술

만드는 법
1. 오징어는 차가운 물에 해동 후 굵은 소금을 넣어 문지르면서 깨끗하게 씻고 한 입 크기로 썰어줘요.
2. 대파는 어슷 썰고 양파와 부추도 먹기 좋게 썰어줘요.
3. 미역은 물에 불려 깨끗하게 씻은 후 물기를 제거해줘요.
4. 콩나물, 미역은 찜기에 찐 후 한 김 식혀줘요.
5. 팬에 올리브유 두른 후 다진 마늘 넣고 중불로 30초 볶아줘요.
6. 대파와 양파 넣고 중불로 3분 볶아줘요.
7. 양념장과 오징어를 넣어 중불로 3분 볶아줘요.
8. 불 끄고 참기름, 깨 뿌려줘요.
9. 밥 위에 찐 콩나물과 미역 올려주고 부추, 오징어볶음 올린 뒤 기호에 맞게 고추장이나 초고추장 넣고 비벼 완성해요.

menu 010

토마토소고기찜

오늘은 우리 든든한 장남 박결이의 생일입니다.
엄마가 해주는 밥은 뭐든 잘 먹고, 동생들을 끔찍이 생각해서
도이와 휜이에게 늘 양보해주는 착한 형이에요. 마음까지
잘생긴 우리 결이의 생일을 맞아 명란 미역국과 함께
토마토 소고기찜을 준비했어요. 특별한 날인 만큼 아주 좋은
부위로 준비해서 맛있게 먹었답니다! 역시 재료가 좋으니
음식도 훌륭하고, 엄마의 사랑이 듬뿍 들어갔으니 더 맛있겠죠?

재료
- 소고기 등심 600g
- 양송이버섯 8개
- 파프리카 2개
- 토마토 6개

양념
- 올리브유 2큰술
- 다진 마늘 1큰술
- 라구 소스 600g
- 굴소스 1큰술
- 후추 약간
- 파슬리 약간(생략 가능)

만드는 법
1. 고기는 키친타올로 감싸 핏물을 제거하고, 채소들은 한 입 크기로 썰어줘요.
2. 팬에 올리브유 두르고 다진 마늘을 넣어 중불로 1분간 볶아줘요.
3. 고기를 올리고 센불에서 5분 정도 익힌 후 먹기 좋게 잘라줘요.
4. 라구 소스 넣어주고 굴소스도 넣어 5분 정도 끓여줘요.
5. 나머지 야채 모두 넣고 후추 조금 뿌려준 뒤 뚜껑을 덮어 중불로 15분 푹 익혀요.
6. 파슬리를 뿌린 뒤 파스타 면이나 밥 위에 올려 완성해요.

가지불고기

여름 끝자락에도 불쑥 찾아오는 무더위에 기운이 쭉 빠지네요. 그래서 더위를 이겨내고 힘낼 수 있는 맛 좋은 가지불고기를 만들었어요. 푹신한 가지를 부드럽게 익혀 소고기와 함께 달달하게 볶아내니 너무 맛있어요! 소고기 대신 닭갈비를 쓰면 가지 닭갈비가 되지만 남편은 소불고기가 더 맛있다면서 한 그릇을 뚝딱하네요. 불고기 양념 덕분에 아이들도 편식 없이 채소를 듬뿍 먹는답니다. 온 가족이 즐길 수 있는 음식으로 오늘도 행복한 하루 보내세요!

재료
- 가지 6개
- 당근 1개
- 대파 2개
- 소불고기용 500g

양념
- 올리브유 3큰술
- 다진 마늘 1큰술

양념장
- 설탕 1큰술
- 매실액 2큰술
- 진간장 3큰술
- 맛술 1큰술
- 참기름 2큰술

만드는 법
1. 가지, 당근은 어슷썰기하고 대파는 길게 썰어줘요.
2. 키친타올로 소고기 핏물을 제거해줘요.
3. 냄비에 올리브유 두르고 다진 마늘과 대파 넣어 중불로 1분간 볶아줘요.
4. 당근, 가지 넣어 중약불로 천천히 20분 동안 중간중간 볶아가며 익혀줘요.
5. 소고기 넣어주고 양념장 넣어 중불로 15분 볶아 완성해요.

요리꿀팁 가지는 너무 센불에 익히면 기름만 흡수하고 탈 수 있으니 중약불로 천천히 익혀줘요.

menu 012
버터치킨카레

카레는 집집마다 쉽게 만들어 먹는 단골 메뉴지만 조금만 새롭게 시도해도 고급 음식점에서 먹는 것 같은 별미로 재탄생해요. 오늘은 부드러운 닭고기에 달달한 양파, 버터의 풍미가 어우러진 버터치킨카레를 만들었어요. 남편이 한 입 먹더니 이런 카레는 인도 음식점에서 먹을 수 있는 거 아니냐면서 감동하더라고요. 고소하고 부드러워서 아이들도 정말 맛있게 먹었답니다. 밥 대신 난이나 또띠아에 찍어 먹어도 한 끼 식사로 충분해요!

재료
- 닭정육 500g
- 양파 3개
- 브로콜리 1송이(생략 가능)

양념
- 버터 40g
- 올리브유 2큰술
- 카레 가루 45g
- 우유 600ml

닭양념
- 다진 마늘 1큰술
- 맛술 1큰술
- 올리브유 1큰술
- 소금 0.5큰술
- 후추 0.5큰술

만드는 법

1. 닭은 양념으로 밑간하고 양파는 잘게 다져주거나 썰어주고, 브로콜리도 먹기 좋게 썰어줘요.
2. 팬에 버터와 올리브유를 두르고 버터가 녹으면 양파를 넣어 중불로 5분 볶아줘요.
3. 밑간한 닭을 넣고 중불로 8분 볶아줘요.
4. 닭을 먹기 좋게 자른 후 카레 가루 넣어 중불로 3분 볶아줘요.
5. 우유와 브로콜리 넣어 저어가며 중불로 8분 익혀 완성해요.

menu 013
토치계

RECIPE

SUMMER   AUTUMN   WINTER   SPRING   DADDY

요즘 아이들이 알라딘에 푹 빠져서 하루에도 수십 번씩 '알리 왕자님' 노래를 듣고 있어요. 하도 많이 들었더니 저도 모르게 요리하며 흥얼거리고 있더라고요. 오늘 아침은 콧노래를 부르면서 만든 토치계, '토마토 치즈 계란밥'이에요. 색감도 예쁘고 치즈가 쭉쭉 늘어나 먹는 재미가 있어 아이들도 너무 좋아하네요! 피자를 좋아하는 남편은 피자처럼 보이니까 당연히 대만족했고요. 이대로 먹어도 맛있지만 취향대로 밥에 여러 채소나 햄을 더 추가하셔도 좋아요!

재료
- 달걀 8개
- 토마토 750g
- 양파 1개
- 슈레드모짜렐라 치즈
  (아기 치즈로 대체 가능)

양념
- 올리브유 2큰술
- 소금 0.5큰술
- 후추 0.5큰술
- 파슬리 약간(생략 가능)

토마토 양념
- 진간장 5큰술
- 매실액 3큰술
- 설탕 3큰술
- 다진 마늘 1큰술

만드는 법
1. 토마토는 반으로 갈라 볼에 담고, 양파는 잘게 썰어줘요.
2. 볼에 담긴 토마토에 토마토 양념을 넣어줘요.
3. 다른 볼에 달걀을 넣고 소금, 후추 넣어 잘 섞어서 달걀물을 만들어줘요.
4. 팬에 올리브유를 두르고 달걀물 부어 스크램블을 만든 뒤 접시에 옮겨놔요.
5. 스크램블을 만들었던 팬에 올리브유 두르고 양념된 토마토를 넣어줘요.
6. 중불로 토마토가 말랑해질 때까지 익히다가 양파를 넣어 센불로 1분 볶은 뒤 불을 꺼줘요.
7. 접시에 밥, 토마토소스, 스크램블, 치즈 순으로 올려 에어프라이어 200도에 3분씩 두 번 돌려줘요.
8. 파슬리 뿌려 완성해요.

- 양파를 너무 오래 볶으면 수분이 많이 생기니 짧게 볶아줘요.
- 달걀 대신에 토마토소스를 만들 때 두부 150g 정도 넣어 으깨서 같이 소스로 만들어 부어먹어도 좋아요.
- 에어프라이어 대신 전자레인지에 돌려 치즈를 녹여줘도 돼요.

menu 014

파닭한마리

SUMMER   AUTUMN   WINTER   SPRING   DADDY

대파를 많이 쓴다고 대파를 잔뜩 선물받았어요.
그래서 오늘은 대파를 듬뿍 넣은 음식을 만들었는데요.
개운한 국물맛을 즐길 수 있는 파닭한마리입니다. 부드러운
닭고기를 든든하게 먹고 나면 남은 국물에 칼국수나 죽을 끓여
먹어도 너무 맛있어요. 아무리 배불러도 들어가는 맛,
상상이 되시죠? 국물 요리에 대파가 굉장히 잘 어울려서
앞으로는 닭고기를 살 때 대파도 같이 사야 할 것 같아요.

재료
- 닭볶음탕용 닭 2kg
- 감자 2개
- 대파 8개
- 양파 1개
- 통마늘 100g(30개)

양념
- 생강가루 1큰술
- 후춧가루 1큰술
- 소금 0.5큰술
- 참치액 2큰술

만드는 법

1. 대파는 취향에 맞게 크게 자르거나 가늘게 채 썰어줘요.
2. 감자는 동그랗고 넓적하게 썰고, 양파는 4등분 해줘요.
3. 닭볶음탕용 닭은 키친타월로 가볍게 닦아주고 닭기름이 많은 부위는 가위로 잘라 제거해요.
4. 냄비에 닭과 물 3.5L를 넣어 센불로 15분 익혀줘요.
5. 불순물이 뜨면 최대한 제거하고 대파, 양파, 감자, 통마늘을 모두 넣어줘요.
6. 양념을 넣고 중불로 40분 끓여 완성해요.

menu 015

애호박새우볶음

SUMMER　　AUTUMN　　WINTER　　SPRING　　DADDY

정말 너무너무 간단하면서도 아이나 어른이나
맛있게 먹을 수 있는 애호박새우볶음이에요! 애호박은 여름이
딱 제철이라 마트에 가면 꼭 몇 개씩 집어오게 된답니다.
볶아 먹으면 식감이 부드러우면서도 특유의 단맛이 살아나서
이것만으로도 다른 반찬이 필요 없을 정도예요. 저는 애호박
1개 반을 사용했는데 다들 너무 잘 먹어서 5인 가족이 먹기에는
양이 부족하더라고요. 애호박은 많을수록 맛있으니
아낌 없이 사용해서 만들어보세요!

재료
- 애호박 3개
- 밥새우 70g

양념
- 올리브유 5큰술
- 소금 0.5큰술
- 후추 0.5큰술
- 참기름 약간
- 깨 취향껏

만드는 법

1. 애호박은 반으로 잘라 씨를 제거해줘요.
2. 자른 애호박을 얇게 슬라이스해요.
3. 팬에 올리브유 두르고 손질한 애호박, 밥새우를 넣은 뒤 소금, 후추로 간을 맞춰 중약불에 5~7분 볶아줘요.
4. 밥 위에 애호박새우볶음을 올리고 참기름과 깨 넣어 완성해요.

menu 016
버터명란감자

SUMMER　　AUTUMN　　WINTER　　SPRING　　DADDY

아이들이 방학을 하니 하루가 어떻게 가는지 모르겠어요.
저만 그런 거 아니죠? 그래서 오늘은 간단하게 버터에 명란과
감자를 볶아 오이를 곁들여 먹었어요. 부드럽고 담백한 감자와
짭짤한 명란은 서로를 만났을 때 감칠맛 시너지가 확 올라가요.
짭짜름하고 고소한 맛에 오이가 더해지니 입안을 싹 씻어주는
느낌까지 너무 좋더라고요. 감자는 전자레인지에 돌려 익히면
금방 간단하게 만들 수 있어요. 커피 한 잔을 더하니
잠시 주말의 여유가 찾아오는 것 같네요!

재료
○ 감자 9개
○ 명란 4개
○ 오이 2개
○ 빵(취향대로)

양념
○ 올리브유 1큰술
○ 버터 40g
○ 소금 0.5큰술
○ 참기름 약간

만드는 법

1 감자는 먹기 좋게 깍둑 썰어 전자레인지 용기에 담아 물 조금 넣고 2~3분 돌린 뒤 물기를 제거해줘요.

2 명란은 반으로 갈라 껍질 속의 알만 발라내 준비하고, 오이도 먹기 좋게 썰어줘요.

3 팬에 올리브유를 두르고 버터를 넣어 녹여줘요.

4 감자를 넣어 뚜껑을 닫아가며 감자를 잘 익히며 볶아줘요.

5 감자가 다 익으면 명란을 넣고 중불로 2분 볶은 후 참기름과 소금 넣어 30초 정도 볶아줘요.

6 접시에 명란 감자와 오이를 담아 완성하고 빵에 올려 먹어요.

 명란은 저염명란을 쓰시는 게 좋아요.

menu 017
부추닭

어제 계곡에 가서 물놀이 신나게 하고 백숙을 먹었더니
진짜 맛있더라고요. 부추가 듬뿍 들어간 백숙이었는데 너무
맛있어서 부추를 더 추가해 먹었어요. 오늘까지 그게 생각나서
닭을 구워 부추를 곁들여봤어요. 닭고기는 잡내도 안 나고
질기거나 퍽퍽하지도 않아서 정말 맛있고, 부추가 어우러지니
더 보양식 느낌이 나네요. 부추는 예로부터 몸을 따뜻하게
해준다고 해서 '기운을 북돋는 채소'라고 불린다고 해요.
어른은 초장, 아이들은 쌈장과 함께 입맛따라 즐겨보세요!

재료
- 닭다리 정육 700g
- 부추 100g
- 통마늘 14개

양념
- 올리브유 2큰술
- 맛술 4큰술
- 물 10큰술
- 소금 0.5큰술
- 후추 0.5큰술
- 레몬즙 1큰술(생략 가능)

만드는 법
1. 부추는 이등분해서 썰어줘요.
2. 냄비에 올리브유를 두르고 닭고기는 껍질 부분부터 노릇하게 앞뒤로 구워줘요.
3. 맛술, 물, 소금, 후추, 레몬즙과 통마늘을 넣어줘요.
4. 뚜껑 닫고 중불로 5분 익혀줘요.
5. 부추를 넣고 뚜껑 닫아 약불로 3분 익혀 완성해요.

요리꿀팁 어른용은 초장에 들깨가루, 아이들은 쌈장에 들깨가루 넣어 찍어 먹으면 좋아요.

오징어치즈덮밥

여름에 먹는 오징어는 제철이라서
쫄깃한 식감은 물론이고 은은한 단맛이 돌아요. 특히
더운 날에는 기름진 음식보다 담백한 오징어가 속이 편하고
좋더라고요. 탱글한 오징어에 쫄깃한 치즈를 올린 덮밥을
만들었더니 식감까지 대만족! 남편은 뭐가 오징어인지 찾는
재미가 있다네요. 아이들은 이대로 먹어도 좋고, 어른들은
매콤하게 고춧가루를 뿌려 드셔도 좋아요. 치즈의 고소함과
오징어의 담백한 감칠맛이 굉장히 잘 어울린답니다!

재료
- 오징어 3마리
- 양파 1개
- 대파 2개
- 파프리카 2개
- 슈레드치즈(취향대로)

양념
- 올리브유 2큰술
- 다진 마늘 1큰술
- 파슬리 약간

양념장
- 설탕 2큰술
- 진간장 1큰술
- 케첩 1큰술
- 후추 0.5큰술
- 참기름 2큰술

만드는 법
1. 양파, 파프리카는 한 입 크기로 썰고 대파는 송송 썰어줘요.
2. 오징어도 세척 후 한 입 크기로 썰어줘요.
3. 팬에 올리브유 두르고 다진 마늘, 대파 넣어 중불로 30초 볶아줘요.
4. 양파, 파프리카, 오징어 넣어 중불로 3분 볶아줘요.
5. 양념장을 넣고 잘 볶아준 뒤 중불로 5분간 조리듯 익혀줘요.
6. 슈레드치즈 골고루 올리고 뚜껑 닫아 중불로 2분 익혀줘요.
7. 파슬리 뿌려 완성해요.

요리꿀팁 처음부터 매콤하게 드시길 원하시면 양념장 넣을 때 고춧가루 1큰술을 넣어주세요.

menu 019
가삼덮밥

SUMMER　　AUTUMN　　WINTER　　SPRING　　DADDY

오징어 삼겹살이 오삼불고기면 가지 삼겹살은
가삼불고기 맞죠? 남편이랑 말장난을 하다가 오늘의 메뉴가
결정되었네요. 여름이 제철인 가지는 부드럽고 촉촉한 식감이
은근히 고기와 잘 어울려요. 노릇하게 구운 삼겹살과
가지에 미소된장으로 만든 소스가 잘 스며들어 끊임없이 먹게
되는 맛이랍니다. 일반 된장을 사용하신다면 설탕 양을
살짝 더 늘려주세요. 제철 식재료로 만든 한 그릇으로
오늘도 행복한 하루 보내세요!

재료
- 가지 5개
- 대파 2개
- 양파 1개
- 삼겹살 500g
- 달걀 노른자(인원 수만큼)

양념
- 참기름 4큰술
- 소금 0.5큰술
- 후추 0.5큰술

양념장
- 미소된장 100g
- 설탕 4큰술
- 맛술 2큰술

만드는 법
1. 가지는 5~6cm 길이로 채 썰어줘요.
2. 대파는 송송 썰고, 양파는 채 썰어줘요.
3. 냄비에 참기름 두르고 대파를 넣어 중불로 2분 볶아줘요.
4. 삼겹살을 넣고 소금, 후추 뿌린 뒤 노릇하게 구워 가위로 먹기 좋게 잘라줘요.
5. 양파, 가지를 넣고 중불로 10분 볶아줘요
6. 가지가 말랑말랑해지면 양념장을 넣어 중불로 3분 볶아줘요.
7. 기호에 맞게 참기름과 달걀 노른자 올려 완성해요.

요리꿀팁 참기름 대신 올리브유나 기타 기름을 사용하셔도 돼요.

menu 020

마늘닭개장

여름 감기가 더 무섭다는데, 건강 잘 챙기고 계신가요?
한 아이가 감기에 걸리면 나머지 식구들도 모두 콜록거리기
시작하니 감기는 무조건 초장에 잡아야 해요. 땀 흘리며 뜨끈한
국물 먹고 감기 기운을 싹 날려버릴 수 있도록 마늘닭개장을
만들었어요. 통마늘을 듬뿍 넣으면 향이 더 깊어지고 국물이
그야말로 진국이랍니다. 능이버섯이 있었으면 넣을걸 하는
아쉬움이 조금 남네요. 여러분은 능이버섯도 추가해서
더 건강한 보양식으로 드셔보세요!

재료
- 닭다리살 정육 1kg
- 대파 2대
- 통마늘 25개

양념
- 올리브유 2큰술
- 후추 1큰술(또는 통후추)
- 소금 0.5큰술
- 참치액 2큰술

만드는 법

1. 대파는 먹기 좋은 크기로 썰고, 통마늘 25개 중 7개는 으깨줘요.

2. 냄비에 올리브유 두르고 닭고기는 껍질 부분부터 넣어 중불로 6분 노릇하게 굽고, 뒤집어 중불로 3분 정도 익힌 후 가위로 먹기 좋게 잘라줘요.

3. 통마늘, 으깬 마늘, 대파를 모두 넣어줘요.

4. 물 2.8L와 후추, 소금, 참치액을 넣어 뚜껑 열고 중불로 30분간 익혀 완성해요.

- 불의 세기에 따라 닭고기를 익히는 시간이 조금씩 달라질 수 있어요. 노릇해지면 뒤집어 구워주시면 됩니다.
- 부족한 간은 소금으로 해줘요.

Part 2

가을 밥상
풍성한 가을 들녘을 담은 영양 가득 식탁

AUTUMN

갈릭전복버터구이

SUMMER　AUTUMN　WINTER　SPRING　DADDY

집에 선물로 들어온 전복이 있어서 덮밥을 만들었어요.
평소에는 전복버터구이로만 자주 먹었는데, 마늘을 듬뿍 넣고
만들었더니 마늘향이 향긋한 '킥'이 되었어요! 팬에 볶을 때부터
고소한 마늘향이 퍼지다가 한 입 먹자마자 입안에 마늘의
풍미가 느껴지는데 쫄깃한 전복이랑도 정말 잘 어울려요.
벌써 피로가 다 풀리고 몸에 활력이 도는 기분이네요.
지친 하루에 에너지를 충전해주는 갈릭전복버터구이로
온 가족이 근사한 한 끼를 즐겨보세요!

재료
- 전복 12마리
- 양파 1개
- 마늘 15개

양념
- 올리브유 4큰술
- 참치액 2큰술
- 버터 30g
- 파슬리(생략 가능)

전복 양념
- 설탕 1큰술
- 맛술 1큰술
- 소금 0.5큰술
- 후추 0.5큰술

만드는 법
1. 전복은 깨끗하게 손질 후 전복 양념을 넣어 밑간해줘요.
2. 마늘과 양파를 다져서 준비해요.
3. 팬에 올리브유 두르고 마늘 넣어 중불로 30초 볶은 후 양파 넣어 중약불로 10분 볶아줘요.
4. 전복을 넣고 참치액 넣어 중불로 5분 볶아줘요.
5. 버터 넣어 중불로 2분 볶아줘요.
6. 파슬리 뿌려 완성해요.

요리꿀팁 마늘은 다진 마늘보다 통마늘을 직접 다져서 사용하면 향미가 더 좋아요.

menu 002

LA갈비찜

사랑하는 우리 둘째 도이의 생일입니다! 먹을 게 생기면 형이랑 동생부터 챙겨주는 모습이 참 기특한 도이예요. 가끔 기분이 안 좋을 땐 '내가 선물 주려고 했는데 안 줘야겠다!' 하고 겁을 주기도 하지만, 그 모습조차 형제들과 사이좋게 지내고 싶은 마음이 묻어 있어서 고맙고 예쁘기만 해요. 도이를 위한 생일상은 단호박의 달달함을 더한 LA갈비찜입니다! 너무 맛있다고 잘 먹는 모습을 보니 엄마의 사랑까지 듬뿍 먹은 것 같아 절로 행복해져요.

재료
○ LA갈비 냉동상태 1.6kg
○ 당근 3개(중간 크기)
○ 감자 4개(중간 크기)
○ 대파 2개
○ 단호박 반 개

양념
○ 올리브유 2큰술
○ 버터 20g
○ 참기름 약간
○ 깨 약간

양념장
○ 간장 8큰술
○ 설탕 6큰술
○ 맛술 2큰술
○ 후추 1큰술
○ 참기름 2큰술
○ 다진 마늘 2큰술
○ 물 300ml

만드는 법
1. 갈비는 차가운 물에 담가 8시간 이상 핏물을 제거해줘요.
2. 핏물 제거한 고기는 흐르는 물로 한 번 더 씻은 후 끓는 물에 넣어 15분 데쳐줘요.
3. 데친 고기는 흐르는 물로 한 번 더 깨끗하게 씻어 물기를 제거해줘요.
4. 당근, 감자는 한 입 크기로 썰고, 대파는 손가락 한 마디 크기로 썰어줘요.
5. 단호박은 전자레인지에 6분간 돌린 후 씨를 제거하여 2cm 두께 반달 모양으로 썰어줘요.
6. 냄비에 올리브유와 버터를 넣어 녹여줘요.
7. 당근, 감자, 대파를 넣어 중불로 3분간 코팅하듯 볶아줘요.
8. 갈비를 넣고 먹기 좋게 가위로 잘라줘요.
9. 양념장을 넣고 뚜껑 닫아 중불로 20분 익혀줘요.
10. 단호박을 넣고 뚜껑 닫아 중불로 10분 익혀줘요.
11. 참기름, 깨 뿌려 완성해요.

- 저는 갈비 핏물을 제거하려고 전날 저녁에 물에 담가뒀어요. 여름에는 물에 담가 냉장고에 넣어둬요.
- 후추는 아이 취향에 맞게 생략해도 좋아요. 아이 음식은 덜어두고 어른용에만 따로 뿌려 완성해줘요.

menu 003

단호박제육

RECIPE

SUMMER　AUTUMN　WINTER　SPRING　DADDY

선선한 가을 바람이 불기 시작하면 달달하고 부드러운
단호박에 손이 가요. 평소에 자주 먹는 흔한 제육에 단호박을
추가했더니 감칠맛이 더해지고 은은한 단맛까지 돌아서
몇 배는 맛있어지는 것 같아요! 어른들은 고춧가루 팍팍 넣어
먹으면 밥도둑이 따로 없고, 아이들은 단호박의 자연스러운
단맛 덕분인지 더 맛있게 먹었어요. 제철 식재료를 추가해서
조금 특별해진 제육 밥상, 꼭 드셔보시고
오늘도 행복한 하루 보내세요!

재료
- 돼지고기 앞다리살 제육용 600g
- 단호박 1통
- 대파 1개

양념
- 들기름 2큰술
- 들깨가루 70g

양념장
- 국간장 4큰술
- 참기름 2큰술
- 설탕 1큰술
- 매실 2큰술
- 생강가루 1큰술(생략 가능)
- 맛술 2큰술
- 다진 마늘 2큰술
- 고춧가루 2큰술(생략 가능)
- 후추 약간

만드는 법
1. 단호박은 깨끗하게 씻어서 전자레인지에 5분 돌려줘요.
2. 단호박 씨를 제거해서 먹기 좋게 썰어주고, 대파도 숭덩숭덩 썰어줘요.
3. 볼에 돼지고기를 넣고 양념장을 넣어 잘 버무려줘요.
4. 냄비에 들기름 넣어주고 단호박 넣어 중불로 2분 볶아줘요.
5. 밑간해둔 고기 넣어 고기가 다 익을 때까지 중불로 볶아줘요.
6. 들깨가루, 대파 넣어 중불로 1~2분 볶아 완성해요.

요리꿀팁 단호박 씨를 제거할 때 껍질도 같이 제거해주셔도 좋고, 저처럼 그냥 같이 드셔도 좋아요.

menu 004

감당무조림

SUMMER　　AUTUMN　　WINTER　　SPRING　　DADDY

냉장고에 요리하고 남은 채소들이 애매하게 남아 있을 때가 있죠? 조연 역할을 충실히 해낸 채소들이 본격적으로 주인공이 되어 활약할 시간입니다. 남은 '감자', '당근', '무'를 이용해서 '감당무조림'을 만들었어요! 양념을 가득 머금은 무와 포슬한 감자, 달큰한 당근에 참치를 곁들였더니 든든하면서도 정말 맛있어서 밥 한 공기가 순식간에 사라져요. 같은 양념으로 다른 채소를 사용하셔도 되고, 참치 대신 다른 고기를 넣어도 좋답니다! 남편은 다음 생일 메뉴로 신청할 만큼 인기 만점이었어요.

재료
○ 무 580g
○ 감자 3개 500g
○ 당근 2개
○ 오이고추 5개
○ 참치 320g

양념
○ 들기름 1큰술
○ 참깨 약간(생략 가능)

양념장
○ 진간장 4큰술
○ 참치액 2큰술
○ 맛술 2큰술
○ 설탕 2큰술
○ 다진 마늘 1큰술

만드는 법
1. 무, 감자, 당근을 깍둑 썰어 냄비에 담아줘요.
2. 양념장 넣어주고 물 500ml 부어줘요.
3. 센불로 20분 익혀줘요
4. 20분 후 참치, 오이고추 넣어서 중불로 5분~10분 익혀주고 국물이 졸아들면 불을 꺼줘요.
5. 들기름을 한 바퀴 둘러주거나, 참깨 뿌려 완성해요.

menu 005
대파떡갈비

RECIPE

SUMMER AUTUMN WINTER SPRING DADDY

아이들에게 항상 환영받는 메뉴 중 하나가 바로
떡갈비 아닐까요? 오늘은 대파를 듬뿍 넣어 더 향긋하게 먹을
수 있는 대파떡갈비를 만들었어요. 밀가루와 달걀을 넣지
않아서 속이 더 편하고 깔끔한 맛이에요. 대신 팬에 익히면
쉽게 으깨질 수 있으니 에어프라이어로 구우면 모양도 예쁘게
잡힌답니다. 대파가 많이 들어가니 느끼함은 전혀 없고,
대파가 달큰하게 익어 아이들도 전혀 거부감 없이
맛있게 먹었어요!

재료
- 대파 7대
- 소고기 다짐육 900g

양념장
- 다진 마늘 2큰술
- 진간장 4큰술
- 참기름 2큰술
- 매실액 2큰술
- 생강가루 1큰술
- 설탕 2큰술
- 후추 1큰술

만드는 법
1. 대파는 잘게 다져줘요.
2. 볼에 대파와 고기를 담고 양념장을 넣어줘요.
3. 손에 적당량 덜어 동글동글 모양을 만들어요.
4. 에어프라이어 용기에 올려 180도 15분 구워주고, 뒤집어서 다시 180도에 5분 구워 완성해요.

- 에어프라이어 기종에 따라 굽기 정도가 달라질 수 있으니 중간에 확인하며 구워주세요.
- 깨나 쪽파를 송송 썰어 올려주면 더 먹음직스러워요.

항정덮밥

menu 006

RECIPE

SUMMER　AUTUMN　WINTER　SPRING　DADDY

고소하고 쫄깃한 항정살을 얹어 먹는 항정덮밥이에요.
양파와 오이, 깻잎을 곁들여 느끼하지 않고 상큼하게 먹을 수
있어요! 생양파가 부담스러운 아이들은 콩나물로 바꿔주셔도
좋아요. 결도훤은 양파가 조금 맵다면서도 아주 잘 먹네요.
남편은 와사비를 척 올려 먹었는데 제 입맛에도 와사비를 넣은
버전이 훨씬 좋더라고요. 아이도 어른도 입맛 따라 만족스럽게
먹을 수 있으니 꼭 만들어보세요! 항정살 대신 냉장고에 있는
고기나 해산물을 응용해도 좋답니다.

재료
- 항정살 540g
- 오이 1~2개
- 양파 1개
- 깻잎 20~30장

양념
- 올리브유 2큰술
- 소금 약간
- 후추 약간
- 참기름 약간
- 깨 약간

양념장
- 진간장 3큰술
- 설탕 2큰술
- 맛술 2큰술
- 생강가루 1큰술
- 물 4큰술

만드는 법
1. 항정살에 소금과 후추를 조금 뿌려 밑간해줘요.
2. 오이는 사각 썰기하고, 깻잎은 돌돌 말아 썰어준 후 손으로 털어줘요.
3. 양파는 채 썰어 차가운 물에 10분 담근 후 물기를 빼줘요.
4. 냄비에 올리브유 두르고 항정살 넣어 절반 정도 익혀줘요.
5. 양념장 넣어 중불로 8분 조려줘요.
6. 접시에 밥 담고 양파, 깻잎, 오이, 고기 순으로 올린 뒤 참기름과 깨 뿌려 완성해요.

menu 007
두부탕수

RECIPE

SUMMER AUTUMN WINTER SPRING DADDY

일반적인 두부 조림을 조금 더 특별하게 업그레이드한
두부탕수예요. 고기 없는 채소 중심의 건강한 한 끼가 이렇게
맛있고 든든할 수 있는지 놀라실걸요? 두부는 노릇하게 구워
식감을 살리고, 토마토의 은은한 산미로 소스의 감칠맛을
더했어요. 여기에 청경채를 곁들였더니 깔끔하면서도
정말 색다른 맛이 탄생했답니다. 두부탕수와 청경채가
찰떡같이 어울리니 꼭 같이 드시는 걸 추천해요!

재료
- 두부 900g
- 청경채 2봉
- 방울토마토 500g

양념
- 올리브유 4큰술
- 소금 약간
- 전분물 4큰술
- 다진 마늘 1큰술

양념장
- 굴소스 2큰술
- 간장 1큰술
- 설탕 1큰술
- 후추 약간
- 물 50ml

만드는 법

1. 청경채는 깨끗하게 씻어 4등분해요.
2. 두부는 사각으로 썰고, 방울토마토도 깨끗하게 씻어 반으로 썰어줘요.
3. 두부는 키친타올로 물기를 제거하고 에어프라이어 200도에 15분 구워줘요.
4. 냄비에 소금을 넣고 물이 팔팔 끓으면 청경채를 넣어 30초간 데쳐요.
5. 팬에 올리브유 2큰술 두르고 물기 짠 청경채를 넣어 중불로 1분 볶다가 전분물 2큰술 넣어 중불로 30초 볶아 접시에 올려줘요.
6. 청경채를 볶았던 냄비에 올리브유 2큰술 두르고 토마토 넣어 중불로 8분 볶아줘요.
7. 구운 두부를 넣어줘요.
8. 다진 마늘과 양념장을 넣어 중불로 3분 볶다가 전분물 2큰술 넣어 원하는 농도를 맞춰줘요.
9. 접시에 밥, 청경채, 두부탕수 올려 완성해요.

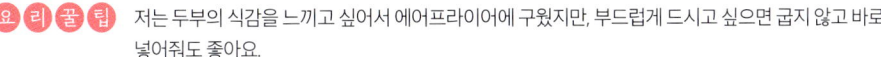 저는 두부의 식감을 느끼고 싶어서 에어프라이어에 구웠지만, 부드럽게 드시고 싶으면 굽지 않고 바로 넣어줘도 좋아요.

menu 008

누룽닭

▶ RECIPE

SUMMER (AUTUMN) WINTER SPRING DADDY

시부모님이 올라오셨다가 어제 저녁 기차로 다시 시골에 내려가셨어요. 짧았지만 사랑이 듬뿍 느껴지는 풍족한 시간이었답니다. 손님 맞이 후에 남아 있는 집안일을 정리하면서 아침은 아주 간단한 누룽닭을 만들었어요. 소금과 후추만으로 간을 했는데도 놀라울 만큼 깊은 맛이 나더라고요. 남편은 누룽지 백숙 같다고 칭찬하는데요! 간단한 과정 대비 결과물이 훌륭해서 더 뿌듯한 한 끼입니다.

재료
- 닭정육 800g
- 누룽지 350g
- 부추 100g
- 대파 3개

양념
- 들기름 2큰술
- 소금 0.5큰술
- 후추 0.5큰술

만드는 법

1. 대파는 송송 썰고, 부추는 잘게 썰어줘요.
2. 팬에 들기름 넣고 대파 넣어 중불로 30초 볶아줘요.
3. 닭고기 껍질 부분부터 노릇노릇하게 구운 뒤 먹기 좋게 썰어줘요.
4. 소금, 후추 넣어 중불로 1분 더 볶아준 뒤 누룽지, 물 1.7L를 넣어 푹 끓여줘요.
5. 접시에 누룽닭 담아주고 부추 수북하게 올린 뒤 들기름 넣어 완성해요.

요리꿀팁 부족한 간은 소금으로 해줘요.

menu 009

단호박카레

내일 아침은 뭘 먹을지 고민이 돼서 남편에게 물어보니 카레가 먹고 싶다고 하네요! 카레를 먹을 때가 됐구나 싶어서 제철 단호박을 넣어 만들었어요. 버터에 볶은 단호박에서 깊은 단맛이 올라오며 카레의 풍미와 어우러져 더 맛있는 카레가 완성됐답니다. 새우로 단백질 보충도 했지만 새우가 없어도 충분히 만족스러운 맛이더라고요. 카레에는 감자도, 고구마도 좋지만 가을에는 꼭 단호박을 넣어보세요. 포근하고 다정한 한 끼로 마음까지 든든해져요.

재료
- 단호박 2개
- 새우 400g
- 골든커리 순한 맛 고형카레 165g
- 시금치 한 봉

양념
- 올리브유 2큰술
- 무염 버터 30g
- 소금 0.5큰술
- 후추 0.5큰술
- 다진 마늘 1큰술
- 참치액 1큰술
- 고춧가루 약간
- 계피가루 약간
- 파슬리(생략 가능)

만드는 법
1. 단호박을 전자레인지에 돌려줘요. (1개는 5분, 2개는 8분)
2. 단호박을 한 입 크기로 썰어줘요.
3. 새우는 꼬리와 내장을 제거한 후 흐르는 물에 깨끗하게 씻어 물기를 제거해줘요.
4. 냄비에 올리브유와 버터를 넣고 버터가 녹으면 단호박 넣어 중불로 3분 볶아줘요.
5. 새우와 소금, 후추를 넣어 중불로 2분 볶아줘요.
6. 다진 마늘, 참치액, 물 1.3L를 넣고 중불로 15분 끓여줘요.
7. 고형 카레 넣고 카레가 녹으면 시금치를 넣어 중불로 1분간 끓여줘요.
8. 기호에 맞게 고춧가루, 계피가루, 파슬리 뿌려 완성해요.

남편이 심부름 오류로 오리고기를 잔뜩 사왔네요.
착오가 좀 있었지만 덕분에 내일까지 집밥 메뉴는 오리 특집이
될 것 같아요. 다양한 메뉴를 고민하다가 오늘은 간단하게
만들 수 있는 오리파스타입니다! 들기름이 진하게 베어 있는
파스타 면에 오리, 양배추, 깻잎, 그리고 들깨가루를 버무려
먹으니 노력 대비 환상적인 결과물이에요. 오리고기 대신
좋아하는 고기로 대체하셔도 좋아요! 정말 맛있으니
집에 있는 재료를 활용해서 꼭 만들어 드셔보세요.

재료
- 오리고기 700g
- 깻잎 20장
- 양배추 400g
- 파스타 면 300g

양념
- 들기름 4큰술
- 소금 0.5큰술
- 후추 0.5큰술
- 쯔유 4큰술
- 생강가루 0.5큰술
  (혹은 맛술 2큰술)
- 들깨가루 약간
- 달걀 노른자 (인원 수만큼)
- 치즈 약간

만드는 법
1. 깻잎과 양배추는 길게 채 썰어줘요.
2. 오리고기는 키친타올로 핏물을 살짝 제거해줘요.
3. 냄비에 물 담고 소금 조금 넣어 파스타 면 삶아 준비해요.
4. 냄비에 들기름 두르고 오리고기를 넣어줘요.
5. 소금, 후추 넣어 중불로 3분 볶아줘요.
6. 오리고기 기름에 쯔유, 생강가루 넣어 중불로 5분 볶아줘요.
7. 파스타 면, 양배추 넣어 중불로 2분 볶아줘요.
8. 취향에 맞게 깻잎, 들깨가루, 달걀 노른자, 치즈 뿌려 완성해요.

menu 011

해덮룽지

RECIPE

SUMMER   AUTUMN   WINTER   SPRING   DADDY

아침 저녁으로 쌀쌀한 바람이 부니 슬슬 따뜻한 국물이
생각나요. 냉동실에 깊이 잠들어 있는 문어를 꺼내서 뜨끈하게
누룽지 끓여 먹으려다가 누룽지탕이 떠오르더라고요. 그래서
저만의 스타일로 해물 덮밥 누룽지, '해덮룽지'를 만들어봤어요.
간장 양념으로 조린 해물 볶음을 누룽지 위에 올려주니 고소함,
바삭함, 부드러운 맛이 앞다투어 올라오네요! 집에 자투리
채소나 해산물을 이용해서 따뜻한 누룽지와 함께 드셔보세요.
몸과 마음이 모두 따뜻해질 거예요.

재료
○ 누룽지 300g
○ 새우 400g
○ 문어 280g
○ 부추 100g

양념
○ 올리브유 2큰술
○ 다진 마늘 1큰술
○ 전분물 1큰술
○ 참기름 1큰술
○ 깨 약간

양념장
○ 진간장 2큰술
○ 설탕 1큰술
○ 후추 0.5큰술

만드는 법
1 부추와 문어는 한 입 크기로 썰어줘요.
2 새우는 깨끗하게 씻고 내장을 제거하고 물기를 없애줘요.
3 냄비에 누룽지를 넣고 물 900g 넣어 끓여서 준비해요.
4 팬에 올리브유 넣고 다진 마늘을 넣어 센 불로 30초 볶아줘요.
5 문어, 새우, 부추 넣어 중불로 5분간 볶아줘요.
6 재료를 한쪽으로 밀어두고 양념장 넣은 뒤 팔팔 끓으면 재료와 같이 중불로 5분 볶아 잘 익혀줘요.
7 전분물을 넣어 약불로 1분간 볶아준 후 불을 꺼줘요.
8 접시에 누룽지 먼저 담고 해산물 올려준 후 참기름과 깨 뿌려 완성해요.

- 전분물은 전분가루와 물을 1:3 비율로 섞어 만들어요.
- 문어는 생략하거나 오징어로 대체해도 좋아요.

menu 012

오새볶

SUMMER AUTUMN WINTER SPRING DADDY

오늘은 다큐 촬영을 하는 날이라서 아침부터 긴장이 되더라고요. 저도 매일 영상을 찍어 올리지만, 남이 찍어주는 영상은 사뭇 느낌이 다르고 에너지도 많이 쓰이는 것 같아요. 그래서 아침으로 기운을 북돋아줄 수 있는 오징어 새우 볶음, '오새볶'을 준비했어요. 힘이 팍팍 나도록 부추를 듬뿍 넣고 밥을 쓱싹 비벼 먹으니 잘할 수 있다는 용기까지 충전되는 것 같아요! 탱글한 해산물에 향긋한 부추의 풍미가 정말 좋답니다.

재료

- 새우 450g
- 오징어 2마리
- 양파 3개 400g
- 콩나물 200g
- 부추 100g

양념

- 올리브유 2큰술
- 소금 0.5큰술
- 후추 0.5큰술
- 김가루 약간
- 참기름 1큰술
- 깨 약간

양념장

- 진간장 2큰술
- 다진 마늘 1큰술
- 맛술 2큰술
- 설탕 2큰술

만드는 법

1. 새우는 깨끗하게 씻어 내장을 제거하고, 오징어는 한 입 크기로 썰어요.
2. 양파는 너무 작지 않게 썰어주고, 부추도 먹기 좋게 썰어줘요.
3. 콩나물은 전자레인지에 5분 돌려 흐르는 물에 씻어 물기 제거해요.
4. 팬에 올리브유 두르고 오징어, 새우를 넣어줘요.
5. 소금, 후추를 넣어 중불로 3분간 볶아줘요.
6. 양파와 양념장을 넣고 중불로 5분 볶아줘요.
7. 접시에 밥, 콩나물, 부추, 김가루, 오새볶 올려주고 참기름, 깨 뿌려 완성해요.

요리꿀팁 저는 양념장에 설탕을 2큰술 넣었지만 좀 더 달달하게 드시고 싶으시면 1큰술을 추가해줘도 좋아요.

menu 013
카스도스

카스도스는 포르투갈의 전통 디저트예요. '카스테라'와
'달콤하다'라는 뜻의 '도스'가 결합한 이름이라고 해요!
카스테라를 프렌치 토스트처럼 달걀물에 적셔 노랗게 굽고
설탕을 묻혀 만드는 음식인데요. 아이들과 먹기에는 너무
달아서 설탕은 생략하고 달걀옷만 입혔어요. 그래도 충분히
달달하고 입안에서 크림처럼 녹아내려 황홀해지는 맛이에요!
브런치로 강력 추천하니 꼭 만들어 드셔보세요.

재료
○ 카스테라 420g
○ 달걀 8개

양념
○ 소금 0.5큰술
○ 올리브유 1큰술
○ 슈가파우더 약간

만드는 법

1. 달걀에 소금을 넣어 달걀물 만들어줘요.
2. 카스테라 표면의 갈색 부분을 잘라줘요.
3. 카스테라를 달걀물에 담가 앞뒤로 촉촉하게 적셔줘요.
4. 팬에 올리브유 두르고 빵을 올려 중약불로 타지 않게 뒤집어주며 양 옆도 골고루 익혀줘요.
5. 슈가파우더 뿌려 완성해요.

- 카스테라 작은 사이즈 3~4개를 굽고 올리브유를 다시 1큰술 둘러줘요.
- 카스테라가 부드러워서 부서지기 쉬우니 달걀물에 적실 때 살살 조심해줘요.

menu 014
크림닭갈비

아이들도 좋아하는 크림 베이스의 닭갈비예요.
여기에 파스타 면 대신 새송이버섯을 길게 잘라 넣어
면 느낌으로 먹어봤어요. 가벼우면서도 쫄깃쫄깃한
새송이버섯의 식감이 정말 잘 어울리네요! 버섯을 잘 안 먹는
아이들도 깜빡 속아 듬뿍 집어먹게 되는 맛이랍니다.
탱글한 닭다리살도 크림 소스와 어우러져 더 부드러워요.
오늘도 건강하고 맛있는 음식과 함께 행복한 하루 보내세요!

재료
- 닭다리살 정육 1kg
- 브로콜리 1송이
- 양파 1개
- 새송이버섯 6개

양념
- 올리브유 3큰술
- 우유 300ml
- 생크림 300ml
- 다진 마늘 1큰술
- 치즈가루(생략 가능)
- 고춧가루(생략 가능)

양념장
- 진간장 2큰술
- 굴소스 1큰술
- 맛술 2큰술
- 후추 약간
- 소금 약간

만드는 법
1. 브로콜리는 먹기 좋게 썰고, 버섯은 길게 편썰고, 양파는 채 썰어줘요.
2. 냄비에 올리브유 두르고 닭다리살은 껍질부터 넣어 앞뒤 노릇하게 구운 뒤 먹기 좋게 잘라줘요.
3. 준비한 채소를 모두 넣어 중불로 10분 볶아줘요.
4. 양념장 넣어 중불로 2분 볶아줘요.
5. 우유, 생크림, 다진 마늘 넣어주고 중불로 5분 끓여줘요.
6. 기호에 맞게 치즈가루, 고춧가루 뿌려 완성해요.

 어른용으로 매콤하게 드시고 싶으면 우유와 생크림을 넣을 때 고추장과 고춧가루를 1큰술씩 같이 넣어줘요.

menu 015
팟타이

RECIPE

SUMMER AUTUMN WINTER SPRING DADDY

태국의 볶음 쌀국수 요리인 팟타이예요.
정통 레시피로 만들려면 피시소스나 땅콩, 라임 등 다양한
재료가 필요해 다소 복잡한데요. 집에 있는 재료로 간단하게
만들어도 맛있게 먹을 수 있어요! 남편은 땅콩이 빠지니
아쉽다며 땅콩버터와 스리라차 소스를 뿌려 먹더라고요.
늘 먹는 집밥보다 조금 특별한 한 끼를 먹고 싶을 때 부담 없이
후다닥 만들어 드셔보세요. 팟타이 한 접시로 동남아 여행이
떠오르는 즐거운 식사 시간이 된답니다!

재료
- 새우 400g
- 쌀국수 면 250g
- 숙주 300g
- 청경채 2봉지
- 달걀 7개

양념
- 올리브유 7큰술
- 소금 0.5큰술
- 후추 0.5큰술

양념장
- 진간장 2큰술
- 굴소스 2큰술
- 맛술 2큰술
- 다진 마늘 1큰술
- 설탕 2큰술

만드는 법
1. 찬물에 새우를 넣고 해동한 후 꼬리와 내장을 제거하고 물기를 없애줘요.
2. 숙주는 먹기 좋게 썰고, 청경채는 뿌리를 잘라 이등분해줘요.
3. 볼에 달걀을 넣어 소금, 후추를 넣어 잘 섞어줘요.
4. 냄비에 물을 넣고 팔팔 끓으면 면을 넣어 30~40초만 익혀줘요.
5. 팬에 올리브유 두른 후 달걀물을 부어 빠르게 저어 익혀줘요.
6. 새우를 넣어 색이 변하기 시작하면 청경채 넣어 중불로 2분 볶아줘요.
7. 익힌 쌀국수 면을 넣고 양념장 넣어 중불로 2분 볶아줘요.
8. 마지막으로 숙주 넣어 중불로 30초 볶아 완성해요.

menu 016
프리타타

SUMMER   AUTUMN   WINTER   SPRING   DADDY

오늘은 이탈리아식 오믈렛 프리타타를 만들었어요.
이름은 이국적이고 거창하지만 만드는 방법은 아주 간단해요.
집에 있는 재료만 넣어서 오븐에 돌려줬는데 정말 담백하고
맛있어요. 특히 고구마가 폭신폭신해서 정말 맛이 좋더라고요!
닭가슴살이나 다짐육을 넣고 만드셔도 좋을 것 같아요.
여러분도 냉장고에 채소들이 놀고 있다면 브런치로
프리타타 어떠세요?

재료
○ 고구마 3개 630g
○ 달걀 10개
○ 방울토마토 380g
○ 슈레드치즈 150g
○ 브로콜리 1송이
○ 대파 2개

양념
○ 올리브유 6큰술
○ 소금 0.5큰술
○ 후추 0.5큰술

만드는 법
1. 대파는 송송 썰고, 방울토마토는 반으로 썰고, 고구마는 작게 사각으로 썰고, 브로콜리는 한 입 크기로 썰어줘요.
2. 볼에 달걀을 넣고 소금, 후추 넣은 뒤 치즈도 넣어 잘 섞어줘요.
3. 팬에 올리브유 두르고 대파 넣어 중불로 30초 볶아줘요.
4. 토마토를 제외한 모든 채소를 넣어 중불로 10분 볶아줘요.
5. 토마토를 올리고 치즈 달걀물 부어 고루 잘 펴줘요.
6. 오븐 용기에 담아 예열된 오븐 200도에 20분 구워 완성해요.

 겉은 익었는데 안쪽의 달걀물이 덜 익었다면 오븐에 돌리지 마시고 전자레인지로 5분 더 익혀줘요. 오븐으로 더 구우면 탈 수도 있어요.

피망을 두 손 들고 환영하는 아이들은 별로 없지만 피망도 아주 맛있게 먹는 방법이 있어요. 생으로 먹으면 풋내가 느껴져서 거부감이 들 수 있지만, 5분 정도 익혀주면 단맛이 올라와서 아이들도 편하게 먹을 수 있답니다. 매운맛은 전혀 없어요. 피망을 잘 먹는 아이들이라면 조금만 익혀서 아삭한 식감으로 즐겨도 좋아요! 오늘은 볶은 피망으로 덮밥을 만들어봤어요. 고기와 함께 볶아서 더 든든하고 감칠맛이 살아있는 메뉴랍니다. 피망은 오이고추로 대체하셔도 맛있어요.

재료
○ 피망 3개
○ 돼지고기 앞다리살 불고기용 600g
○ 생강 2개

양념
○ 올리브유 2큰술
○ 간장 2큰술
○ 설탕 0.5큰술
○ 참기름 약간
○ 깨 약간

만드는 법
1. 팬에 올리브유를 두르고 먹기 좋게 자른 피망을 5분 볶아줘요.
2. 돼지고기를 넣어 같이 볶아줘요.
3. 돼지고기가 익으면 먹기 좋게 잘라줘요.
4. 생강을 강판에 갈아서 넣고 간장과 설탕도 넣어 볶아줘요.
5. 밥 위에 피망 볶음을 올리고 참기름과 깨를 뿌려 완성해요.

menu 018
카룽지

SUMMER AUTUMN WINTER SPRING DADDY

카레와 누룽지, 정말 자주 먹는 친숙한 메뉴인데
이 두 가지를 더하면 새로운 별미가 탄생해요! 카레와 누룽지를
더한 '카룽지'입니다. 평소처럼 취향껏 재료를 넣어 카레를
만들고 고소한 누룽지를 넣으면 끝! 누룽지는 오래 끓이면
부드러워지고, 살짝만 익히면 식감을 즐길 수 있으니
기호에 따라 즐겨보세요. 버터와 생크림을 넣어 부드러운
풍미도 살아 있어요. 간편하면서도 조금 특별해진 따끈한
한 그릇 메뉴랍니다.

재료
- 누룽지 350g
- 새우 24마리
- 양파 3개
- 브로콜리 1송이
- 고형 카레 6조각 165g

양념
- 버터 50g
- 생크림 300ml
- 소금 0.5큰술
- 후추 0.5큰술

만드는 법
1. 양파는 사각 썰기하고 브로콜리는 줄기까지 다 사용해서 먹기 좋게 썰어줘요.
2. 새우는 깨끗하게 씻어 내장을 제거한 뒤 물기를 없애줘요.
3. 냄비에 버터를 넣어 녹인 후 새우, 양파, 브로콜리를 넣어 중불로 5분 볶아줘요.
4. 물 2.2L와 고형 카레, 생크림, 소금, 후추를 넣어 팔팔 끓기 시작하면 누룽지를 넣어줘요.
5. 센불로 8분 익혀줘요.

- 저는 누룽지의 식감을 느끼고 싶어서 푹 익히지 않았지만, 평소 먹는 부드러운 누룽지로 즐기려면 더 오래 끓이셔도 돼요.
- 생크림 대신 우유를 사용하려면 물 1.5L에 우유 500ml 넣어줘요.

menu 019
새우솥밥

오늘은 오랜만에 솥밥을 만들어봤어요. 탱글탱글한 새우를
듬뿍 넣은 맛있는 새우 솥밥이에요. 명란을 올려 먹으니
간을 따로 안 해도 짭조름하고, 김에 싸 먹으면 조합도
최고예요. 아이들은 김에 싸먹는 게 재미있는지 히죽이죽
웃으면서 아주 잘 먹네요. 오늘도 맛있는 음식 드시고
행복한 하루 보내세요!

재료
- 불리지 않은 쌀 360g
- 새우 400g
- 양배추 700g
- 새송이버섯 2개(생략 가능)
- 표고버섯 6개
- 쪽파 12개
- 명란젓 200g
- 대파 2개

양념
- 들기름 4큰술
- 다진 마늘 2큰술
- 소금 0.5큰술
- 후추 0.5큰술
- 쯔유 2큰술
- 참기름 약간
- 깨 약간
- 와사비 약간

만드는 법
1. 쌀은 씻은 후 30분 불려줘요.
2. 새우는 차가운 물에 해동시킨 후 꼬리, 내장을 제거해줘요.
3. 양배추는 채 썰고, 버섯은 먹기 좋은 크기로 작게 썰고, 쪽파와 대파는 송송 썰어줘요.
4. 명란은 껍질을 제거하고 알을 긁어서 모아줘요.
5. 냄비에 들기름 두르고 다진 마늘 넣어 센불로 30초 볶아요.
6. 대파 넣어 센불로 30초 볶아요.
7. 새우를 넣어 색이 변하기 시작하면 준비한 채소 모두 넣고 중불로 7분 볶아요.
8. 불린 쌀 넣어주고 소금, 후추 넣어 중불로 1분 볶아요.
9. 물 650ml와 쯔유를 넣고 처음엔 뚜껑을 닫지 않고 팔팔 끓을 때까지 강불로 익혀줘요.
10. 끓기 시작하면 뚜껑 닫고 중약불로 줄이고 10분 익혀줘요.
11. 쪽파와 명란을 골고루 올린 뒤 뚜껑 닫고 약불에서 5분 익혀줘요.
12. 밥을 잘 섞고, 기호에 맞게 참기름, 깨, 와사비 넣어 완성해요.

요리꿀팁 밥이 완성되면 뜸 들일 필요 없이 바로 잘 섞어주면 돼요.

슬슬 다시 카레 먹을 때가 됐는지 남편이랑 동시에 카레 생각이 났어요! 카레는 재료에 따라 무궁무진하게 변신이 가능하잖아요. 뭘 넣고 만들까 논의하면서 냉이, 바지락, 삼치 등 실험적인 재료들을 나열하다가 연어로 최종 결정되었어요. 생연어를 넣고 만들었는데 비린내는 전혀 없고 캔참치 같은 식감이라서 정말 맛있게 잘 먹었어요. 색다른 카레가 먹고 싶으실 때 한번 꼭 도전해보세요!

재료

- 연어 600g
- 양파 1개
- 당근 3개(중간 크기)
- 대파 3개
- 시금치 한 봉
- 카레 가루 85g

양념

- 올리브유 4큰술
- 소금 0.5큰술
- 후추 0.5큰술
- 생크림 500ml

만드는 법

1. 연어는 흐르는 물에 가볍게 씻어 키친타올로 물기를 제거하고, 먹기 좋게 한 입 크기로 썰어줘요.
2. 양파는 채 썰고, 대파는 송송 썰어주고, 당근은 사각 썰기하고, 시금치는 깨끗이 씻어 물기를 제거해줘요.
3. 냄비에 올리브유 두르고 당근, 양파, 대파, 연어 넣어주고 소금, 후추를 넣어 중불로 5분 볶아줘요.
4. 카레 가루를 넣고 채소와 같이 중불로 2분 볶아줘요.
5. 물 100ml와 생크림을 넣고 중불로 10분 익혀줘요.
6. 시금치 넣어 중불로 1분 익혀 완성해요.

Part 3

겨울 밥상
몸과 마음을 따뜻하게 채우는
겨울 요리

WINTER

menu 001
호박찌개

RECIPE

SUMMER　AUTUMN　WINTER　SPRING　DADDY

여러분은 호박 좋아하시나요? 오늘은 애호박과 단호박을
듬뿍 넣어서 부드럽고 뜨끈한 호박 찌개를 만들어봤어요.
구수한 된장 국물에 호박의 은은한 단맛이 배어나면서 온몸을
따뜻하게 덥혀주는 느낌이랍니다. 건강식 같으면서도 진한
국물 맛이 정말 좋아서 온 가족의 숟가락이 멈추질 않더라고요.
남편은 새우젓과 고춧가루는 꼭 넣어야 한다고 하네요.
옛날에는 호박이 못생김의 대명사였지만, 맛을 보면 절대
구박할 수 없는 식재료예요!

재료

- 애호박 2개
- 단호박 1개
- 대파 1~2개
- 돼지고기 찌개용 목살 500g

양념

- 올리브유 2큰술
- 소금 0.5큰술
- 후추 0.5큰술
- 된장 20~30g
- 참치액 2큰술
- 다진 마늘 2큰술
- 새우젓(취향껏)
- 고춧가루(취향껏)

만드는 법

1. 단호박을 깨끗하게 씻은 뒤 전자레인지에 5분 돌리고, 식으면 씨를 제거하고 한 입 크기로 썰어줘요.
2. 애호박을 깨끗하게 씻은 뒤 한 입 크기로 썰어주고, 대파는 송송 썰어줘요.
3. 냄비에 올리브유 두르고 고기를 넣은 후 소금, 후추 넣어 중불로 고기를 절반 정도 익혀줘요.
4. 고기가 절반쯤 익으면 된장과 참치액을 넣어 중불로 2분 볶아줘요.
5. 단호박, 애호박, 다진 마늘 넣고 물 2.3L를 넣어 중불로 30분 익혀줘요.
6. 다 끓으면 대파를 넣고, 기호에 맞게 새우젓, 고춧가루 넣어 완성해요.

요리꿀팁 된장의 양은 맛에 따라 적절히 조절해줘도 좋아요. 저는 된장을 30g 사용했어요.

menu 002
차돌파개장

파개장을 안 먹고 겨울을 지나친다면 긴긴 겨울을 헛으로 보낸 거라고 생각해요! 차돌을 듬뿍 볶아서 대파와 끓였더니 정말 다 표현할 수 없을 만큼 깊은 국물 맛에 감동하지 않을 수 없었어요. 대파는 가을부터 겨울까지가 제철이라 지금 파개장을 끓이면 달큰한 맛이 제대로 우러나온답니다. 사계절 내내 다양한 음식의 조연 역할을 톡톡히 하는 대파지만 오늘만큼은 존재감을 뽐내는 메인 재료예요. 맛이 끝내주니까 꼭 드셔보시고 오늘도 따뜻하고 행복한 하루 되세요!

재료
- 차돌 600g
- 대파 13개

양념
- 올리브유 2큰술
- 참기름 2큰술

고기 양념
- 국간장 2큰술
- 참치액 2큰술
- 다진 마늘 2큰술
- 후추 1큰술

만드는 법
1. 대파는 가볍게 채 썰거나 취향에 따라 큼직큼직하게 썰어줘요.
2. 키친타올로 차돌박이 핏물을 제거해줘요.
3. 냄비에 올리브유와 참기름 넣고 대파를 넣어 중불로 10분 볶아줘요.
4. 차돌박이, 고기 양념 넣어 중불로 3분 볶아줘요.
5. 물 2.5L 넣어 중불로 20~30분 끓여 완성해요.

요리꿀팁 고기 양념할 때 다진 마늘, 후추는 취향껏 가감해줘요.

menu 003

순살감자탕

RECIPE

SUMMER　　AUTUMN　　WINTER　　SPRING　　DADDY

겨울의 시린 바람이 불어오면 국물 요리가 자꾸 생각나요. 오늘은 뼈 없이 편하게 먹을 수 있는 순살감자탕입니다. 의외로 바쁠 때 간단하게 끓여먹기에도 좋은 메뉴예요. 물 대신 사골 육수를 넣으면 더 깊은 맛이 나고, 들깨가루와 깻잎도 진한 국물을 만드는 역할을 톡톡히 해낸답니다. 쉽게 만들었는데도 가족들의 몸에 따끈한 기운을 채워주는 보양식 느낌이 나서 더 뿌듯했어요!

재료
- 돼지 앞다리살 550g
- 감자 3개
- 양파 1개
- 대파 1개
- 팽이버섯 150g
- 깻잎 50장

양념
- 올리브유 2큰술
- 된장 90g
- 다진 마늘 2큰술
- 맛술 2큰술
- 설탕 1큰술
- 참치액 2큰술
- 들깨가루 150g
- 후추 1큰술

만드는 법
1. 감자는 4등분하고, 대파는 어슷썰기하고, 양파는 채 썰고, 깻잎도 큼직하게 썰어줘요.
2. 팬에 올리브유 두르고 돼지고기 넣어 중불로 3분 볶아줘요.
3. 된장, 다진 마늘, 맛술, 설탕 넣어 중불로 5분 볶아줘요.
4. 감자, 양파, 대파, 버섯, 깻잎 넣어줘요.
5. 쌀뜨물 또는 생수 2.2L를 넣어줘요.
6. 참치액을 넣고 중불로 30분 끓여줘요.
7. 들깨가루, 후추 넣고 1~2분 더 끓여 완성해요.

menu 004
제철무찜

SUMMER　　AUTUMN　　(WINTER)　　SPRING　　DADDY

겨울 식탁을 포근하게 만들어주는 제철무찜이에요.
겨울에는 무가 아삭하고 달아서 정말 맛있어요. 어떤 요리에
넣어도 시원한 감칠맛을 내주지만 특히 푹 익혀 먹으면
부드러운 맛이 기가 막히죠. 제철 무와 돼지고기를 넣고
푹 쪄낸 다음 들깨가루와 새우젓으로 간을 맞추니 깊은 맛이
더해져요. 온 가족이 고기보다 달콤한 무에 더 손이
많이 갈 정도였답니다!

재료
- 무 900g
- 돼지고기 목살 600g
- 대파 1개

양념
- 올리브유 2큰술
- 다진 마늘 2큰술
- 새우젓 35g
- 맛술 2큰술
- 들기름 4큰술
- 들깨가루 10큰술

만드는 법
1. 무는 도톰하게 썰고, 대파는 송송 썰어줘요.
2. 냄비에 올리브유 두르고 고기를 볶아준 뒤 한 입 크기로 먹기 좋게 잘라줘요.
3. 무를 넣고 중불로 30초 코팅하듯 볶아줘요.
4. 물 700ml를 넣고 다진 마늘, 새우젓, 맛술을 넣어줘요.
5. 뚜껑 닫고 중불로 30분 익혀줘요.
6. 들기름 두르고 들깨가루 넣어 중불로 1분 볶아줘요.
7. 마지막으로 대파 뿌려 완성해요.

요리꿀팁 무의 가장자리를 둥글게 다듬어주면 잘 부서지지 않아요.

menu 005
밀파유나베

밀푀유나베가 아니라 밀파유나베? 오타 아닙니다!
대파를 어떻게 맛있게 먹을까 고민하다가 만들어본 음식이라서
밀파유나베로 이름 붙여봤어요. 밀푀유나베에 대파 한 장만
쏙 끼워 넣은 간단한 요리인데, 씹을 때 느껴지는 향긋함과
식감 때문에 계속 먹게 돼요. 샤브샤브나 불고기를 좋아하시는
분들이라면 모두 대만족하실 맛이에요! 육수 자체도 맛있어서
저는 소스 없이 먹었는데 기호에 따라 소스를 곁들여 드셔도
좋을 것 같아요.

재료
- 대파 2~3개
- 소불고기용 340g
- 깻잎 30장
- 배추 20장
- 숙주나물 300g
- 표고버섯 3개

양념
- 물 1L
- 다진 마늘 1큰술
- 참치액 2큰술
- 된장 20g
- 쯔유 4큰술
- 참기름 2큰술
- 후추 약간

만드는 법

1. 대파는 4등분하고 세로로 갈라서 한 장씩 펴줘요.
2. 키친타올로 고기 핏물을 제거해줘요.
3. 깻잎, 배추는 깨끗하게 씻어 물기 제거하고, 숙주는 씻은 뒤 체에 담아 물기를 빼줘요.
4. 표고버섯은 별 모양으로 칼집을 내줘요.
5. 배추, 깻잎 2장, 대파 2장, 고기 순으로 두 겹을 쌓은 후 3등분해서 썰어줘요.
6. 냄비에 숙주나물을 깔고 남은 대파도 올려줘요.
7. 밀파유를 빙 둘러가면서 담아주고 마지막으로 가운데 표고버섯을 올려줘요.
8. 양념을 모두 넣고, 센불로 부르르 끓어오르면 국자로 육수를 끼얹어가며 익혀 완성해요.

menu 006
돼지국밥

시린 찬바람에 코끝이 얼어붙는 계절이 오니
뜨끈한 국밥이 절로 생각나요. 국밥이 소울푸드라 주기적으로
먹어줘야 하는 분들도 많으시죠? 오늘은 집에서 간단하게 만들
수 있는 돼지국밥을 끓여봤어요. 재료가 간단한 만큼 사먹는
돼지국밥과는 조금 차이가 있지만 들깨가루를 풀고 부추도
취향껏 듬뿍 넣어 밥 말아 먹으면 속 깊은 곳에서부터 감탄사가
올라와요. 마음까지 녹여주는 듯한 든든한 국밥 한 그릇,
꼭 드셔보세요!

재료
- 돼지고기 대패 목살 450g
- 대파 3개
- 부추 50g(인당 10g)

양념
- 들기름 4큰술
- 다진 마늘 2큰술
- 새우젓 50g
- 참치액 1큰술
- 후추 1큰술
- 들깨가루 약간

만드는 법
1. 대파는 채 썰고, 부추는 3cm 길이로 썰어줘요.
2. 냄비에 들기름 두르고 대파를 넣어 중불로 1분 볶아줘요.
3. 고기를 넣고 중간 정도 익을 때까지 볶아줘요.
4. 다진 마늘, 새우젓, 참치액을 넣고 중불로 1분 볶아줘요.
5. 물 1.8L와 후추를 넣은 뒤 중불로 20분 끓이며 중간중간 거품을 제거해줘요.
6. 그릇에 담고 들깨가루와 부추를 올려 완성해요.

요리꿀팁 부추는 취향껏 넣어 드시면 되지만, 듬뿍 넣으면 더 맛있어요!

menu 007
항정수육

SUMMER　AUTUMN　(WINTER)　SPRING　DADDY

시부모님이 김장을 해서 보내주셨어요! 받자마자 김장 김치를
쭉 찢어서 먹고 정신을 차려보니 어느새 수육을 삶고 있네요.
저는 항정살을 사용했는데, 삼겹살만큼 기름지지는 않으면서도
육즙이 촉촉하고 쫄깃한 탄력감이 있어서 아주 맛있어요.
정육점에서 지방 부분만 손질해달라고 하면 손쉽게 수육용으로
사용할 수 있으니 꼭 만들어보세요! 여기에 김장 김치를
곁들였더니 한국인이라면 절대 거부할 수 없는 맛,
상상이 가시죠?

재료
○ 항정살 900g
○ 대파 3개
○ 양파 1개
○ 생강 3~4개
○ 통마늘 20개
○ 대파 뿌리 4~5개(생략 가능)

양념
○ 후추 0.5큰술(통후추 가능)
○ 소금 10~20g
○ 깨 약간(생략 가능)

만드는 법
1. 대파는 손가락 한 개 크기로 썰고, 양파는 이등분해요.
2. 고기는 잘 익을 수 있도록 칼집 내줘요.
3. 냄비에 양파, 대파, 마늘, 생강, 대파 뿌리 넣어줘요.
4. 후추나 통후추, 소금을 넣고 물 2.5L 넣어 팔팔 끓여줘요.
5. 끓기 시작하면 고기를 넣고 중불로 뭉근하게 30분 끓여줘요.
6. 먹기 좋게 자르고 취향껏 깨 뿌려 완성해요.

요리꿀팁 저는 소금을 15g 넣었지만, 각 집에 있는 소금의 염도가 다르니 소금을 넣어보고 짜다고 느낄 만큼 넣어주세요. 그래야 고기에 간이 잘 배고 잡내도 제거돼요.

menu 008

등갈비전골

아이들은 뜯어 먹는 재미도 있어서인지 유독 등갈비를
좋아하더라고요. 그냥 구워먹어도 좋지만, 등갈비에 채소
올리고 새우젓 넣어 푹 끓이기만 하면 완성되는 간단한
등갈비전골을 만들었어요. 마늘도 안 넣고 깔끔하게
만들었는데 맛에 부족한 부분이 없이 정말 맛있어요!
아이들과 어른 입맛을 모두 만족시키는 메뉴랍니다. 온 가족이
식탁에 둘러앉아 김 모락모락 나는 전골을 먹는 재미는
겨울에 즐기는 특권이니 꼭 만들어보세요!

재료
○ 등갈비 1kg
○ 새송이버섯 3개
○ 팽이버섯 1봉지
○ 대파 1개
○ 애호박 1개
○ 두부 500g

양념
○ 새우젓 60g
○ 후추 0.5큰술
○ 생강가루 0.5큰술

만드는 법

1. 애호박은 반달 모양으로 썰고, 대파는 어슷 썰고, 새송이버섯은 가지런히 채 썰어줘요.

2. 두부는 작은 사각 썰기 해줘요.

3. 끓는 물에 등갈비를 넣어 5분간 익힌 후 차가운 물로 깨끗이 씻어 물기를 빼줘요.

4. 냄비에 등갈비를 넣고 모든 채소와 두부를 가지런히 올려줘요.

5. 물 2.5L에 새우젓 넣어 중간중간 거품 제거하고, 후추와 생강가루 넣어 중불로 40분 끓여 완성해요.

요리꿀팁 혹시 맛이 부족하게 느껴지시면 다진 마늘과 참치액 반 큰술 정도 추가하셔도 좋아요.

차돌쌀국수

SUMMER   AUTUMN   WINTER   SPRING   DADDY

그동안 면 요리를 다양하게 만들었는데 쌀국수는
한 적이 없더라고요. 그래서 오늘은 차돌박이를 듬뿍 넣은
차돌쌀국수를 만들었어요. 따로 육수를 내지도 않았는데
차돌과 대파, 양파가 어우러지면서 신기하게 깊고 진한
국물맛이 느껴진답니다! 고수를 팍팍 넣어주니 남편은
베트남에 있는 것 같다고 칭찬을 퍼붓더라고요. 쌀국수는
집에서 만들기 어려운 요리처럼 느껴질 수도 있지만
생각보다 아주 간단하게 별미로 즐길 수 있어요.

재료
- 차돌 600g
- 쌀국수면 400g
- 양파 1개
- 대파 2개
- 숙주 200g
- 고수 50g

양념
- 참기름 2큰술
- 소금 0.5큰술
- 후추 0.5큰술
- 멸치 액젓 3큰술
- 국간장 1큰술

만드는 법
1. 양파는 채 썰고, 대파는 송송 썰어줘요.
2. 쌀국수면은 찬물에 30분 불려줘요.
3. 냄비에 참기름 두르고 대파 넣어 중불로 30초 볶아줘요.
4. 고기를 넣고 소금, 후추 넣어 절반 정도 익혀줘요.
5. 양파를 넣어 코팅하듯 중불로 가볍게 30초 볶아줘요.
6. 물 2.2L, 멸치 액젓, 국간장 넣어 중불로 20분 끓여줘요.
7. 쌀국수 면은 먹을 만큼 차돌 육수에 넣어 30~40초 익혀줘요.
8. 그릇에 면, 숙주, 차돌 육수랑 고기 넣어주고 기호에 맞게 고수 올려 완성해요.

요리꿀팁 쌀국수면은 미리 불려놓아서 생각보다 금방 익어요.

명란크림스튜

쌀쌀한 날씨에 맑은 국물 요리도 맛있지만, 오늘은 더 부드럽고 따끈한 요리가 먹고 싶어서 명란크림스튜를 만들었어요. 명란은 짭짤한 감칠맛이 있어서 다양한 요리에 적절히 더해주면 한층 고급스럽고 특별한 맛을 낼 수 있어요. 또 명란이 씹히니까 한 번에 삼킬 크림 소스도 한 번 더 씹고 음미하게 되네요. 뜨끈뜨끈한 크림의 목 넘김도 부드러워서 먹는 순간 몸이 사르르 녹는답니다.

재료
- 명란 300g
- 브로콜리 330g
- 감자 5개(420g)
- 양파 2개
- 당근 2개

양념
- 올리브유 4큰술
- 다진 마늘 1큰술
- 생크림 400g
- 우유 150g
- 치즈 약간(생략 가능)

만드는 법

1. 모든 채소는 너무 크지 않게 사각 썰기하고, 브로콜리는 줄기까지 먹기 좋게 썰어줘요.

2. 명란은 껍질을 제거해 속만 모아줘요.

3. 냄비에 올리브유 2큰술 두르고 다진 마늘, 명란을 넣어 중약불로 2분 볶아줘요.

4. 올리브유 2큰술 추가로 넣고 준비한 채소를 모두 넣어 중불로 2분 볶아줘요.

5. 물 500ml 넣고 뚜껑을 닫아 중불로 10분 익혀줘요.

6. 생크림, 우유 넣어 중불로 3분 끓여주고 불 끄고 치즈 뿌려 완성해요.

요리꿀팁 명란은 한 번 먼저 볶아주면 비릿한 맛을 날려버릴 수 있어요.

추운 겨울에는 문득 뜨끈한 우동이 생각나는 날이 있어요. 대단하고 화려한 음식은 아니지만 익숙하고 친숙한 맛이 때로는 더 큰 위로와 힐링이 되는 것 같아요. 오늘은 돼지고기와 새송이버섯을 넣은 고기우동을 만들어 봤답니다. 돼지불고기의 연한 국물에 우동을 먹는 맛이라서 한 입 드셔보시면 호불호 없이 고개를 끄덕이실 거예요. 간단하게 금방 만들 수 있어서 든든한 아침 한 끼로 먹기에도 제격이에요.

재료
- 목살 400g
- 새송이버섯 4개
- 우동사리 4인분
- 대파 1개

양념
- 올리브유 2큰술
- 진간장 2큰술
- 참치액 2큰술
- 맛술 1큰술
- 설탕 2큰술
- 생강가루 0.5큰술
- 후추 0.5큰술

만드는 법
1. 버섯은 가늘고 길게 채썰고, 대파는 송송 썰어요.
2. 우동사리는 끓는 물에 넣어 2분간 익혀 준비해요.
3. 냄비에 올리브유 두르고 목살 넣어 볶다가 고기 색이 변하면 버섯을 넣어 중불로 2분 볶아줘요.
4. 진간장, 참치액, 맛술, 설탕, 생강가루 넣어 바글바글 끓기 시작하면 재료와 섞어줘요.
5. 물 1.8L와 후추 넣어 센불로 15~20분 끓여줘요.
6. 송송 썬 대파 넣고 불을 꺼줘요.
7. 접시에 우동사리 넣어주고 국물을 부어 완성해요.

짭짜름하고 감칠맛 나는 명란을 넣어 미역국을 끓였어요.
오랜만에 미역국을 먹으니 왜 이렇게 맛있죠? 들깨를
넣으려다가 간을 봤더니 너무 맛있어서 들깨는 생략했어요.
남편도 먹어보고는 재료도 별로 안 들어갔는데 깊은 감칠맛이
나는 게 충격적이래요. 아이들도 맛있다면서 배 터지게
먹더라고요! 정말 쉬운데 맛있어서 생일날 특별하게 먹어도
좋지만, 바쁜 날에도 금방 만들어 먹을 수 있는
효자 메뉴랍니다.

재료
○ 명란젓 350g
○ 불린 미역 500g
○ 양파 2개

양념
○ 들기름 6큰술
○ 국간장 4큰술
○ 다진 마늘 2~3큰술
○ 참치액 4큰술
○ 생강가루 1큰술

만드는 법

1. 명란은 너무 작지 않게 썰어주고 양파는 채 썰어줘요.
2. 미역은 미리 불려서 물기를 제거해요.
3. 냄비에 들기름 두르고 불린 미역 넣어 중불로 1분 볶아줘요.
4. 국간장을 넣고 중불에서 1분 더 볶아요.
5. 명란, 양파, 다진 마늘, 참치액, 생강가루, 물 3.6L 넣고 센불로 15~20분 끓여 완성해요.

이번 설 연휴에는 남편 생일이 끼어 있어서
음식을 더 푸짐하게 준비했더니 전이 많이 남았어요.
남은 전을 다시 데워먹어도 좋지만 살짝 질렸을 때, 조금만 바꿔서
활용하면 또 다른 새로운 맛으로도 즐길 수 있어요! 보통 남은
전을 찌개로 끓여드시는 분들도 많은데, 저는 전을 올린 솥밥을
만들어봤어요. 다른 재료 없이도 이미 영양 가득, 특별하고 근사한
솥밥이 탄생한답니다! 처치 곤란하게 남은 전이 있다면
꼭 만들어보세요. 아이들의 눈이 휘둥그레지는 맛이에요.

재료
○ 명절 때 남은 전
○ 불린 쌀 320g
○ 쪽파 한 줌
○ 양파 중간 크기 2개

양념
○ 쯔유 4큰술

어른용 양념장
○ 다진 마늘 1큰술
○ 고춧가루 1큰술
○ 진간장 2큰술
○ 참기름 3큰술
○ 매실액 4큰술
○ 물 30ml
○ 깨 약간
○ 송송 썬 고추 1~2개
○ 쪽파 약간

만드는 법
1 쌀은 깨끗하게 씻어 15~30분 불려줘요.
2 양파는 채 썰고, 쪽파는 송송 썰어요.
3 냄비에 쌀, 양파, 전 순으로 올려 넣어줘요.
4 쯔유와 물 400ml를 넣어줘요.
5 센불로 팔팔 끓을 때까지 기다렸다가 끓기 시작하면 뚜껑 닫고 중약불로 20분 익혀줘요.
6 불 끄고 쪽파를 조금 올려 뚜껑 닫고 5분간 뜸들여줘요.
7 그릇에 솥밥을 덜고, 양념장을 곁들여 완성해요.

요리꿀팁 아이는 따로 양념장 없이 솥밥만 먹어도 간이 잘 맞아요. 김을 곁들여 싸먹게 해주면 더 맛있게 먹을 수 있어요.

menu 014
라탕

RECIPE

SUMMER　　AUTUMN　　(WINTER)　　SPRING　　DADDY

명절 선물로 들어온 LA 갈비를 푸짐하게 넣어
'라탕'을 만들었어요. 갈비탕 느낌이라고 생각하시면 되는데,
LA 갈비를 소리나는 대로 읽어서 메뉴 이름을 재밌게
붙여봤어요! 큼직하게 썰어 넣은 싱싱한 대파가 갈비 육수와
어우러져 깊은 국물 맛을 즐길 수 있는 메뉴랍니다. 고기가
풍족해지는 명절 때쯤에나 일 년에 두 번 먹는 별미네요!
저는 아이들과 만든 도토리묵도 곁들여 먹었더니 더
맛있더라고요. 집에 LA 갈비가 있으면 꼭 한번 만들어보세요.

재료
- 갈비 1.1kg
- 대파 5개
- 양파 1개
- 대파 뿌리 5~6개(생략 가능)

양념
- 물 3.5L
- 다진 마늘 2큰술
- 진간장 3큰술
- 굴소스 3큰술
- 들기름 2큰술
- 후추 1큰술
- 소금 0.5큰술

만드는 법
1. 갈비는 찬물에 담가 8시간 이상 핏물을 제거해줘요.
2. 핏물 제거한 고기는 흐르는 물로 씻고 끓는 물에 넣어 10분 데쳐준 다음, 흐르는 물에 다시 한 번 씻어줘요.
3. 대파도 깨끗하게 씻은 후 큼직하게 썰어줘요.
4. 냄비에 갈비, 대파, 양파, 대파 뿌리를 넣어줘요.
5. 양념을 모두 넣어 중불로 50분 푹 끓여준 다음 양파와 대파 뿌리는 건져서 완성해요.

- 어른들은 취향에 맞게 후추, 고춧가루, 청양고추를 송송 썰어넣어도 좋아요.
- 부족한 간은 소금으로 해줘요.

menu 015

대파국수

SUMMER　　AUTUMN　　(WINTER)　　SPRING　　DADDY

요즘 결, 도, 흰이는 아침마다 아빠와 산책을 나가는데
동네 어르신들의 관심을 한몸에 받는다고 해요. 덕분에 남편도
아침마다 칭찬을 받아 기분이 좋대요. 오늘도 아침 산책을
다녀온 네 남자들에게 오랜만에 대파국수를 만들어줬어요.
파가 듬뿍 들어가서 시원한 맛이 일품이랍니다. 부지런한
아침 산책을 개운하게 마무리해주는 맛이에요. 남편은 너무
맛있다면서 노후에 국숫집 차리자고 하네요!

재료

○ 대파 6개(약 600g)

○ 소면 4인분 400g

육수 재료

○ 다시마 1장(손바닥 크기)

○ 육수용 멸치 25마리

○ 물 2.5L

양념

○ 올리브유 4큰술

○ 맛술 1큰술

○ 참치액 3큰술

○ 후추 0.5큰술

○ 참기름 약간

○ 깨 약간

만드는 법

1 육수 재료를 넣고 15~20분 정도 끓여 육수를 만들어줘요.

2 대파는 채 썰어 준비해요.

3 소면은 삶아서 찬물에 씻은 뒤 물기를 제거해줘요.

4 냄비에 올리브유 두르고 대파를 넣어 대파 숨이 죽을 때까지 중간중간 저으며 중불로 5분 익혀줘요.

5 대파가 볶아지면 육수를 넣어줘요.

6 맛술, 참치액, 후추를 넣어 중불로 10분 팔팔 끓여줘요.

7 접시에 소면을 담고 국물을 부어준 뒤 기호에 맞게 참기름, 깨 뿌려 완성해요.

 • 저는 육수 냈던 다시마, 내장 제거한 멸치를 고명으로 올려줬어요.

• 육수를 내기 어려우면 육수 코인을 사용하고, 간을 보면서 국간장이나 액젓을 추가해줘도 좋아요.

menu 016

무샥슈카

무 조림을 매번 간장으로만 하다가 모처럼 색다르게 먹어보고 싶더라고요. 그래서 '샥슈카'를 응용해 봤어요. 샥슈카는 토마토 베이스의 소스에 달걀을 톡 깨 넣어 먹는 요리인데, 흔히 알려진 '에그인헬'과는 사용하는 향신료가 조금 다르지만 거의 비슷하다고 보시면 돼요. 저는 무를 졸이려고 생크림도 넣었더니 무 로제 샥슈카가 되어버렸는데 그게 신의 한 수였네요! 졸인 무를 한 입 베어물면 무의 단맛과 로제 소스의 부드러운 맛이 행복한 조화를 이룬답니다. 빵을 찍어 먹어도 좋고, 밥이랑 먹어도 정말 맛있어요!

재료
- 무 1kg
- 토마토 소스 560g
- 베이컨 120g
- 팽이버섯 1봉지
- 콜리플라워 200g(생략 가능)
- 루꼴라 50g(생략 가능)
- 달걀(인원 수만큼)

양념
- 올리브유 3큰술
- 생크림 500g
- 파마산 치즈 약간(생략 가능)

만드는 법

1. 무는 2cm 두께의 한 입 크기로 썰어줘요.
2. 베이컨, 팽이버섯, 루꼴라는 잘게 썰고 콜리플라워는 한 입 크기로 썰어줘요.
3. 냄비에 올리브유 두르고 무를 넣어 중불로 6분 볶아 익혀줘요.
4. 루꼴라를 제외한 나머지 채소를 모두 넣어 중불로 1분 볶아줘요.
5. 토마토 소스, 생크림을 넣어 잘 버무린 뒤 뚜껑을 닫고 중불로 15분 익혀줘요.
6. 무가 익으면 달걀, 루꼴라를 넣고 뚜껑 닫아 중불로 5분 익혀줘요.
7. 파마산 치즈를 뿌려 완성해요.

menu 017
무룽지

SUMMER   AUTUMN   WINTER   SPRING   DADDY

바람이 너무 많이 불고 추운 날이라서 뜨끈하게 몸을
녹일 수 있는 누룽지를 만들었어요. 아삭한 겨울 무를 듬뿍 넣어
만들었더니 구수한 누룽지에 달달한 무 조합이 정말 맛있고
소화가 잘 돼서 속도 아주 편안해요. 들깨가루와 달걀, 김가루를
팍팍 넣고 김치를 하나 올려 먹으면 밥도둑이 따로 없답니다.
입맛이 없는 날에도 든든하게 속을 덥혀줄 수 있는 믿음직한
메뉴예요. 무룽지 한 그릇 뚝딱 만들어 드시고 오늘 하루도
기분 좋게 시작해보세요!

재료
○ 무 1.6kg
○ 누룽지 310g
○ 팽이버섯 1봉지
○ 콩나물 340g
○ 애호박 1개
○ 달걀 4개

양념
○ 들기름 4큰술
○ 소금 0.5큰술
○ 참치액 1큰술
○ 들깨가루 70g
○ 참기름 약간
○ 고춧가루 약간(생략 가능)
○ 후추 약간(생략 가능)

만드는 법
1. 무와 애호박은 2cm 두께로 채 썰어주고, 아이들이 먹기 좋도록 콩나물도 썰어줘요.
2. 볼에 달걀을 넣고 잘 섞어 달걀물을 만들어요.
3. 냄비에 들기름 두르고 무를 넣어 중불로 10분 볶아줘요.
4. 애호박, 팽이버섯, 누룽지 넣고 소금, 참치액, 물 3L 넣어 중불로 20분 끓여줘요.
5. 콩나물, 달걀물, 들깨가루 넣고 중불로 5분 끓인 후 참기름 뿌려줘요.
6. 기호에 맞게 고춧가루, 후추 뿌려 완성해요.

요리꿀팁 부족한 간은 소금으로 해줘요.

menu 018
들깨순두부

SUMMER　　AUTUMN　　(WINTER)　　SPRING　　DADDY

연말연초에는 어쩐지 설레는 기분에 외식도 하고,
명절을 지내면서 거하게 차려먹을 일도 많은 것 같아요.
너무 많이 먹고 나면 몸이 무거워지는 느낌이라서 오늘은 몸을
좀 가볍게 만들어줄 수 있는 들깨순두부를 만들었어요.
뜨끈한 순두부탕을 밥과 함께 먹어도 좋고, 담백하게 순두부만
먹으면 다이어트에도 좋은 메뉴예요! 간단하고 건강하면서
맛도 보장이랍니다.

재료
- 느타리버섯 500g
- 순두부 4봉
- 대파 약간(생략 가능)

양념
- 들깨가루 120g
- 들기름 6큰술
- 참치액 2큰술
- 국간장 1큰술
- 후추 0.5큰술
- 고춧가루 약간(생략 가능)

만드는 법
1. 대파는 송송 썰고, 느타리버섯은 흐르는 물에 가볍게 씻은 후 손으로 가닥가닥 작게 뜯어줘요.
2. 냄비에 들기름을 두르고 순두부 넣어 으깬 후 중불로 3분 볶아줘요.
3. 느타리버섯, 참치액, 국간장, 후추, 물 800ml 넣어줘요.
4. 센불로 15분 끓인 후 들깨가루 넣고 센불로 1분 더 끓여줘요.
5. 기호에 맞게 고춧가루, 대파 올려 완성해요.

요리 꿀 팁 저는 들깨가루를 많이 넣는 편이니 처음에는 60g 정도 넣어보시고 괜찮으면 더 추가해서 드세요.

menu 019
누룽지닭

올해도 설레는 크리스마스가 찾아왔어요!
결, 도, 훤이는 크리스마스 선물로 스파이더맨 코스튬을 받았는데
완벽한 취향 저격인지 정말 좋아하네요. 세 명의 스파이더맨과
함께 크리스마스 파티를 준비하는데 특별한 음식이 빠질 수 없죠?
고소한 누룽지 위에 노릇하게 익은 닭고기를 올려 먹으니 아이들도
너무 좋아하는 든든한 저녁 특식이 되었어요. 너무 맛있어서
마냥 행복해지는 시간이었답니다. 여러분도 맛있는 음식 드시고
행복한 크리스마스 보내세요!

재료
○ 닭정육 300g
○ 닭다리 400g
○ 찹쌀밥 400g

양념
○ 올리브유 4큰술
○ 소금 0.5큰술
○ 후추 0.5큰술
○ 버터 20g
○ 쪽파 약간(생략 가능)

양념 소스
○ 맛술 2큰술
○ 간장 2큰술
○ 설탕 2큰술
○ 후추 0.5큰술
○ 생강가루 1큰술

만드는 법
1. 닭다리와 닭정육을 트레이에 올리고 올리브유, 소금, 후추를 적당히 뿌려 밑간해줘요.
2. 에어프라이어 200도에 20분 익혀주고 뒤집어서 20분 더 익혀줘요.
3. 익히는 동안 팬에 버터를 녹이고 미리 지어둔 찹쌀밥을 퍼줘요.
4. 중불로 10분 동안 찹쌀밥을 눌러 누룽지를 만들어줘요.
5. 누룽지 위에 닭을 올리고 양념 소스를 발라 에어프라이어 200도에 5분간 익혀줘요.
6. 취향에 따라 쪽파 올려 완성해요.

- 찹쌀밥은 찬밥을 이용하면 좋아요.
- 찹쌀 누룽지는 에어프라이어에 돌리지 않고 닭만 양념 발라 완성해줘도 괜찮아요.
- 누룽지가 잘 눌렸는지 확인하면서 시간을 조절해줘요.

menu 020
스테끼국밥

연말이라서 파티 분위기를 낼 겸 등심을 사다 구워 먹었어요.
그런데 아이들 먹을 거라서 바싹 구웠더니 좀 질겨서 먹기
힘들어하고, 저도 육즙이 없어 아쉽더라고요. 그래서 이번에는
등심으로 국을 끓여서 일명 '스테끼국밥'을 만들었답니다.
버터를 넣어서 풍미를 더하고, 버섯과 대파를 듬뿍 넣어
은은한 단맛도 쭉 뽑아냈어요! 맛없을 수 없는 맛이라서
연말을 따뜻하게 마무리하기에 딱 좋았답니다. 저랑 남편은
고춧가루도 팍팍 넣어 칼칼하게 먹으니 더 맛있네요.
여러분도 꼭 드셔보시고 모두모두 새해 복 많이 받으세요!

재료
- 등심 500g
- 느타리버섯 200g
- 새송이버섯 2개
- 대파 4개

양념
- 올리브유 3큰술
- 버터 30g
- 다진 마늘 1큰술
- 소금 0.5큰술
- 후추 0.5큰술
- 참치액 2큰술

만드는 법
1. 키친타올로 등심 핏물을 제거해줘요.
2. 대파는 채 썰고, 새송이버섯은 식감을 주기 위해 대강 잘라주고, 느타리버섯은 먹기 좋게 손으로 뜯어줘요.
3. 팬에 올리브유를 두르고 버터를 넣어 녹여줘요.
4. 다진 마늘 넣어 중불로 20초 볶아줘요.
5. 고기를 넣고 소금, 후추 넣어 앞뒤로 1분씩 구워준 뒤 먹기 좋게 잘라줘요.
6. 대파를 넣어 중불로 5분 볶아줘요.
7. 버섯을 넣고 물 2L, 참치액 넣어 중불로 25분 끓여 완성해요.

요리꿀팁
- 부족한 간은 마지막에 소금, 후추로 추가해줘요.
- 버섯은 취향껏 좋아하는 종류로 넣어주셔도 좋아요.

Part 4

봄 밥상
가벼운 봄바람을 닮은 싱그러운 한 끼

SPRING

봄동오징어국

menu 001

RECIPE

SUMMER　　AUTUMN　　WINTER　　SPRING　　DADDY

추운 겨울의 끄트머리에 다다르면 절로 봄 생각이 나죠.
봄을 기다리는 마음으로 봄동과 오징어를 넣고 국을 끓이면
입안에서 봄이 물씬 다가오는 느낌이에요. 봄동은 배추와
비슷하게 생겼지만 더 부드럽고 달콤해서 아이들이 먹기에도
아주 좋아요. 흔히 겉절이로 많이 드시지만 봄동을 넣고
국을 끓이면 정말 맛있답니다. 한번 드셔보시면 마트에서
망설임 없이 또 집어들게 되실 거예요.

재료

- 오징어 600g
- 봄동 500g
- 대파 1개
- 콩나물 340g

양념

- 된장 80g
- 다진 마늘 2큰술
- 참치액 1큰술
- 들깨가루 80g

만드는 법

1. 오징어는 아이들이 먹기 좋게 작은 크기로 썰어줘요.
2. 봄동은 길게 채 썰거나 사각썰기하고, 대파는 송송 썰고, 콩나물은 깨끗이 씻어 물기를 제거해요.
3. 냄비에 물 3L와 된장, 다진 마늘, 참치액 넣고 된장을 잘 풀어줘요.
4. 봄동, 콩나물 넣어 센불로 팔팔 끓기 시작하면 오징어도 넣고 센불로 10분 익혀줘요.
5. 들깨가루, 대파 넣어 센불로 5분 끓여 완성해요.

menu 002

소고기감자조림덮밥

RECIPE

SUMMER　　AUTUMN　　WINTER　　(SPRING)　　DADDY

연초는 유난히 시간이 빨리 가죠. 봄이 오는 건 반갑지만 새해 다짐이 흐지부지되면서 왠지 자책하게 되기도 해요. 그래서 오늘은 마음을 따뜻하게 달래주는 소고기 감자조림 덮밥을 만들었답니다. 짭조름한 간장 양념에 부드러운 소고기와 감자가 어우러지는 든든한 한 끼예요. 버섯을 추가하거나 달걀후라이를 올려 드셔도 좋고, 대파와 당면을 곁들여도 맛있답니다! 새해 다짐은 흐려져도 오늘 하루 다들 애쓰고 계신 거 잘 알아요. 따뜻한 한 끼와 함께 미소와 기쁨 가득한 하루 보내세요!

재료
- 소고기 샤부샤부용 300g
- 감자 3개
- 대파 1개

양념
- 올리브유 4큰술
- 다시마 2~3장(손바닥 크기)
- 깨 약간
- 참기름 약간

고기 양념
- 진간장 1큰술
- 후추 약간

양념 소스
- 진간장 2.5큰술
- 설탕 2큰술
- 물 300ml

만드는 법
1. 소고기는 먹기 좋게 썰어서 고기 양념으로 밑간해줘요.
2. 감자는 너무 작지 않게 썰고, 대파는 송송 썰어요.
3. 냄비에 식용유를 두르고 감자 먼저 1분 볶아줘요.
4. 소고기를 넣고 적당히 고기를 익혀요.
5. 양념 소스를 넣고, 다시마를 넣은 뒤 센 불로 1분 팔팔 끓여줘요.
6. 팔팔 끓기 시작하면 뚜껑 덮어 중약불로 감자가 익을 때까지 8~10분 익혀요.
7. 뚜껑 열어 다시마 건져내고 뚜껑 닫아 약불로 1분 더 익혀줘요.
8. 불 끄고 대파, 깨를 올려줘요.
9. 접시에 밥 넣고, 소고기 감자조림 올리고 참기름 둘러서 완성해요.

 어른용은 양념 소스에 고추장 1큰술만 넣어 만드시면 매콤하니 맛있답니다!

menu 003
오이중독

저희 가족은 오이를 참 좋아해요. 오이의 아삭아삭하면서
향긋한 맛이 시원하면서도 은근한 매력이 있어요. 어찌 보면
단순한 맛인데도 다양하게 요리해 먹다 보면 '오이가 이렇게
맛있었나?' 싶더라고요. 오랜만에 오이가 먹고 싶었는데
예전에 먹었었던 '오이중독'이라는 메뉴가 떠오르네요!
그래서 '오이중독'을 덮밥으로 한번 만들어봤어요. 취향껏
다짐육이나 계란 새우를 곁들여 먹어도 아주 맛있을 것 같아요.
아침을 오이 밥으로 시작하니 몸이 한결 가볍네요!

재료
- 오이 6개
- 무순 약간(생략 가능)

양념
- 깨 취향껏

양념장
- 간장 6큰술
- 물 6큰술
- 식초 1~2큰술
- 꿀 40g(비정제 설탕 3~4큰술 대체 가능)
- 참기름 2큰술
- 생강가루 약간(생략 가능)

만드는 법
1. 오이는 굵은 소금으로 박박 문질러 닦고 흐르는 물에 깨끗하게 씻은 뒤 얇게 채 썰어요.
2. 볼에 오이를 담고 굵은 소금 크게 한 스푼 넣어 20~30분 절여줘요.
3. 절인 오이는 물에 씻은 후 물기를 꽉 짜서 제거해서 준비해줘요.
4. 물기 제거한 오이에 양념장을 부어서 잘 버무려준 후 냉장고에 넣어 30분 숙성시켜줘요.
5. 밥 위에 오이를 적당량 올리고 깨를 갈아서 듬뿍 올린 뒤 무순도 올려 완성해요.

- 저는 식초를 2큰술 넣었더니 새콤했어요.
- 오이에 양념장을 부은 후 바로 드셔도 되지만, 숙성시키면 양념이 더 잘 배어요.
- 반찬이나 피클 대신 드실 경우 굳이 오이를 절이지 않고 그대로 양념 부어 냉장고에 하루 숙성 후 드셔도 좋아요.

menu 004
냉이떡국

RECIPE

SUMMER　　AUTUMN　　WINTER　　SPRING　　DADDY

봄 제철 나물 향을 맡으면 긴 겨울이 지나고 봄이 왔다는
실감이 나요. 아직은 좀 쌀쌀하지만 한 걸음 성큼 봄을
마중나가고 싶을 때 떡국에 갈빗살과 냉이를 넣고 푹
끓여보세요! 늘 먹는 익숙한 떡국도 좋지만 향긋한 냉이를
더하면 색다르면서도 어딘가 마음이 들뜨는 봄의 맛이랍니다.
특히 제철 나물은 그 시기가 지나면 금방 자취를 감추기 때문에,
계절의 변화에 촉각을 곤두세우고 온 가족과 함께
챙겨 먹으면 더 뿌듯해요.

재료
- 떡국떡(인당 10~15개)
- 소갈빗살 500g
- 냉이 250g
- 대파 3개

양념
- 들기름 2큰술
- 국간장 2스푼
- 참치액 3스푼
- 후추 0.5스푼

만드는 법
1. 냉이는 깨끗하게 손질 후 물기를 짜서 준비해줘요.
2. 키친타월로 고기 핏물을 제거해줘요.
3. 대파는 한 입 크기로 썰어줘요.
4. 냄비에 들기름 두르고 고기 넣어 중불로 2분 익혀줘요.
5. 대파를 넣어 중불로 3분 익혀줘요.
6. 국간장, 참치액, 후추를 넣어 센불로 1분 볶아줘요.
7. 물 2.5L를 넣어 중불로 20분 끓여줘요.
8. 떡국떡, 냉이를 넣고 중불로 5분간 끓여 완성해요.

- 부족한 간은 소금으로 해주세요.
- 냉이 향 때문에 일부러 다진 마늘, 생강가루는 넣어주지 않았어요.

menu 005

돼지갈비찜

SUMMER　　AUTUMN　　WINTER　　(SPRING)　　DADDY

저희 집 첫째 장난꾸러기 결이의 별명은 박갈비 씨예요.
오늘은 박갈비 씨가 제일 좋아하는 갈비를 구워봤어요.
저는 갈비 부위 대신 두툼한 목살을 사용했는데요. 갈비 부위는
손질이 번거롭지만 목살은 뼈가 없어서 손질이 간편하고,
부드럽고 촉촉한 식감으로 먹기도 편해요! 밥이랑 쌈에
든든하게 먹으려고 양념은 더 간간하게 해봤답니다.
어른도 아이도 좋아해서 언제든 치트키처럼
식탁에서 환영받는 메뉴예요!

재료
○ 목살 1kg
○ 생강 5개

양념
○ 간장 4큰술
○ 맛술 2큰술
○ 다진 마늘 2큰술
○ 설탕 3큰술
○ 후추 0.5큰술

만드는 법
1. 키친타올로 돼지고기 핏물 제거해줘요.
2. 생강은 채 썰어줘요.
3. 볼에 고기를 넣어주고 양념과 물 180ml를 넣어 잘 버무려줘요.
4. 채 썬 생강을 넣어 함께 잘 버무려줘요.
5. 팬에 고기를 올리고 국자로 양념을 끼얹어주면서 앞뒤로 양념이 다 스며들 때까지 볶아 완성해요.

- 양념에 참기름 2큰술 넣어줘도 맛있어요.
- 고기에 양념이 잘 배게 칼집을 내줘도 좋아요.

남편에게 먹고 싶은 음식을 물어보면 항상 비슷한 음식을
말해요. 돈가스, 제육, 국밥에서 크게 벗어나지 않는 것 같아요.
이게 바로 소울푸드인가요? 그래서 오늘은 몇 번 만들다 보면
손에 익어서 눈 감고도 만들 수 있는 양파제육덮밥입니다.
훤이는 아직 크고 질긴 고기는 싫어하더라고요. 그래서 한번
더 다져서 부드럽고 맛있는 제육을 만들었는데요, 다짐육을
이용하셔도 된답니다. 추가로 양배추나 마늘쫑을 같이
볶아 먹어도 좋아요!

재료
- 돼지고기 불고기용 930g
- 양파 2개

양념
- 올리브유 4큰술
- 소금 0.5큰술
- 후추 0.5큰술
- 설탕 3큰술
- 진간장 3큰술
- 참기름(혹은 들기름) 약간
- 깨 약간

만드는 법

1. 돼지고기는 양념이 잘 배도록 다져줘요.
2. 양파도 작게 다져줘요.
3. 팬에 올리브유 두르고 돼지고기를 넣은 뒤 소금, 후추 뿌려 볶아줘요.
4. 돼지고기 색이 변하면 설탕 넣어 1분간 볶아줘요.
5. 진간장 넣어 센 불로 보글보글 끓으면 돼지고기와 간장이 잘 어우러지게 볶아줘요.
6. 수분이 날아갈 때까지 볶은 뒤 양파를 넣어 1분 더 볶고 불을 꺼줘요.
7. 접시에 참기름이나 들기름을 조금 부어주고 밥 담고 제육 올려 깨 솔솔 뿌리고 완성해요.

요리꿀팁 기호에 따라 쪽파를 약간 올려줘도 좋아요.

menu 007
미나리 국

SUMMER   AUTUMN   WINTER   SPRING   DADDY

미나리는 향긋하면서도 아삭한 매력이 있어요.
생각해 보면 특히 지리탕에 넣어 먹을 때 잘 어울리고
맛있더라고요. 아침부터 정식으로 끓이기는 귀찮을 때 간단히
육수를 내서 끓여봐도 좋아요. 저는 맑은 국으로 끓인 뒤에
들깨를 추가해봤어요. 미나리의 향긋함과 들깨의 고소함이
어우러져 엄청난 감칠맛을 내는 새로운 음식이 되거든요.
봄을 한 그릇 가득 머금은 느낌! 요리는 간단하지만
맛은 전혀 간단하지 않답니다.

재료
- 미나리 500g
- 무 1/2개(600g)
- 두부 1모

육수 재료
- 다시마 1장(손바닥 크기)
- 멸치 15마리

양념
- 국간장 2큰술
- 다진 마늘 0.5큰술
- 후추 0.5큰술

만드는 법
1. 미나리는 식초물에 10분 담가뒀다가 흐르는 물에 여러 번 씻은 후 물기를 탈탈 털어 잘게 썰어줘요.
2. 무와 두부도 먹기 좋은 크기로 썰어줘요.
3. 물 2L에 육수 재료를 넣고 끓여 진한 육수를 만들어줘요.
4. 무, 국간장, 후추를 넣고 무가 익을 때까지 팔팔 끓이며 중간중간 거품을 제거해줘요.
5. 무가 잘 익으면 다진 마늘을 넣어줘요.
6. 두부, 미나리를 넣고 팔팔 끓으면 1분간 익혀줘요.
7. 불을 끄고 후추를 약간 뿌려 완성해요.

menu 008

오이고추솥밥

최근 며칠 동안 양식만 먹었더니 문득 깔끔한 음식이 먹고 싶더라고요. 그래서 아삭하고 깔끔한 오이고추 솥밥을 준비했어요. 아이들이 오이고추를 먹는다니 상상이 잘 안 되시죠? 솥밥을 해도 아삭한 맛이 살아 있고 매운맛은 전혀 없어서 의외로 아이들도 아주 잘 먹어요! 김이랑 멸치 반찬이 있다면 멸치 김밥처럼 먹어도 맛있답니다. 저는 양파소스로 먹었지만, 된장이나 쌈장을 곁들여도 훌륭한 맛일 것 같아요.

재료

- 찹쌀 300g
- 오이고추 8개
- 소고기 다짐육 350g

고기 양념
- 간장 1큰술
- 설탕 0.5큰술
- 버섯가루 1큰술(생략 가능)

양념장
- 양파 1개
- 간장 3스푼
- 참기름 3스푼
- 설탕 1스푼
- 깨 약간

만드는 법

1. 쌀은 물 없이 30분 불려줘요.
2. 다진 소고기에 고기 양념을 넣어 밑간해줘요. 맛술 1큰술 추가하셔도 좋아요.
3. 오이고추는 1cm 두께로 썰고, 양념장에 넣을 양파는 송송 썰어줘요.
4. 냄비에 불려놓은 찹쌀, 소고기를 넣고 물 400ml를 넣어줘요.
5. 센 불로 팔팔 끓기 시작하면 약불로 줄이고 9분 익혀줘요.
6. 불 끄고 오이고추 넣은 뒤 뚜껑 닫아 5분간 뜸 들여줘요.
7. 양념장 재료를 섞어 밥에 곁들이거나 비벼서 완성해요.

- 저는 쌀 대신 찹쌀을 사용했어요.
- 양파가 매울 것 같으면 물에 1분 정도 담근 후 사용해요.

menu 009
돼지찜

남편이 동파육 한번 해달라고 몇 번을 조르길래
동파육 느낌이 나게끔 청경채도 올려서 돼지찜을
만들어봤어요. 물론 팔각을 안 넣으면 동파육이 아니지만요!
그래도 든든한 돼지고기 뭉텅뭉텅 썰어 간단한 버전으로
만들어서 맛있게 먹었답니다. 양념장은 익숙한 맛이지만
청경채를 곁들이니 왠지 더 특별한 별미 느낌이 나요.
개인적으로는 청경채뿐 아니라 알배추를 곁들여 먹어도
너무 맛있네요.

재료

- 돼지고기 앞다리살 1.2kg
- 청경채 560g

양념

- 깨 약간

양념장

- 간장 6큰술
- 생강가루 1큰술(생략 가능)
- 설탕 4큰술
- 맛술 2큰술
- 다진 마늘 2큰술
- 참기름 2큰술

만드는 법

1. 키친타올로 돼지고기 핏물을 제거하고 큼직하게 썰어 칼집을 내줘요.
2. 청경채는 깨끗하게 씻어서 찌고 물기를 제거해줘요.
3. 냄비에 돼지고기와 양념장을 넣고, 물 500ml 넣어 뚜껑 열고 센불로 5분 팔팔 끓여줘요.
4. 뚜껑 덮고 중불로 10분, 뚜껑 열고 양념장을 졸이듯이 가끔 저어주며 중불로 15분~20분 익혀줘요.
5. 접시에 청경채, 고기 올려주고 깨를 뿌려 완성해요.

- 기호에 따라 좋아하는 채소를 넣어줘도 좋아요.
- 청경채는 통째로 찌면 3~4분, 반으로 자르면 2~3분 쪄줘요.

양배추돼지찌개

오늘은 신선한 양배추에 된장과 마늘의 감칠맛을 더한
양배추돼지찌개를 만들어봤어요. 양배추는 식이섬유가
풍부해서 소화에 좋은 식재료로 유명하죠. 여기에 돼지고기의
단백질은 영양과 포만감을 더해줘서 구수하고 속 편한
한 끼 식사로 든든한 요리예요. 남편은 새우젓으로 간을 더해
먹더라고요. 맛있는 음식을 먹으면 하루가 더 풍성해지는
기분이에요. 오늘도 맛있는 한 끼로 행복까지 챙겼네요!

재료

- 돼지고기 앞다리살 600g
- 양배추 700g
- 대파 4개

양념

- 올리브유 2큰술
- 된장 100g
- 다진 마늘 2큰술
- 들깨가루 80g

만드는 법

1. 키친타월로 돼지고기 핏물을 제거해줘요.
2. 양배추는 얇게 채 썰고, 대파도 길게 채 썰어줘요.
3. 냄비에 올리브유 두르고 대파를 넣어 중불로 5분간 숨이 죽을 때까지 볶아줘요.
4. 돼지고기 넣고 중불로 고기 색이 변할 때까지 볶아줘요.
5. 양배추 넣어주고 물 2L 넣어줘요.
6. 된장, 다진 마늘 넣어 중불로 20~30분 푹 끓여줘요.
7. 들깨가루 넣고 잘 섞어준 뒤 불을 꺼서 완성해요.

요리꿀팁 부족한 간은 소금 또는 새우젓으로 해줘요.

menu 011
새콤오이밥

오이의 활용도가 은근히 다양하다는 거 아셨나요?
오이 요리라고 하면 언뜻 샐러드나 피클을 떠올리게 되지만
밥과 함께 메인으로도 충분히 맛있게 먹을 수 있어요!
새콤 오이밥을 만들어봤더니 도이랑 남편은 오이를 다 먹고
한 번 더 리필해 먹었어요. 도이는 사과처럼 아삭해서
너무 맛있다고 하고, 남편은 혈관이 다 뚫리는 맛이라는데
이거 칭찬 맞겠죠~? 낫또와 함께 먹으면 더 건강하고
맛있게 즐길 수 있답니다.

재료
○ 오이 3개
○ 달걀 5개
○ 밥 5인분
○ 돼지고기 300g

양념
○ 올리브유 4큰술
○ 소금 0.5큰술
○ 후추 0.5큰술
○ 참기름 취향껏
○ 깨 취향껏

밥양념
○ 식초 0.5큰술
○ 설탕 2큰술
○ 소금 약간

만드는 법

1. 오이는 얇게 슬라이스하고 소금 6g을 뿌려 절인 후 숨이 죽으면 물기를 짜줘요.
2. 볼에 달걀 5개를 잘 풀어줘요.
3. 밥에 양념을 해줘요.
4. 팬에 올리브유 2큰술 두르고 돼지고기, 소금, 후추를 넣어 볶아서 익혀줘요.
5. 고기를 팬 한쪽으로 밀어두고 올리브유를 2큰술 더 두른 다음 달걀물, 소금, 후추 넣어줘요.
6. 약한 불로 달걀이 타지 않게 몽글몽글 덩어리지게 익혀줘요. 달걀이 익으면 고기랑 어우러지게 볶아줘요.
7. 큰 볼에 물기 짠 오이랑 돼지고기 달걀 볶음을 같이 섞어줘요.
8. 밥 위에 예쁘게 올리고 기호에 따라 깨소금, 참기름 뿌려 완성해요.

요리꿀팁 밥의 양념은 먹어보면서 취향껏 추가해주세요.

오늘은 아이들이 늦잠을 자는 바람에 아침부터 배고프다고 난리더라고요. 냉장고에 있는 대패삼겹과 가지를 꺼내서 뚝딱 미소대패덮밥을 만들었어요. 미소된장의 부드러운 감칠맛에 단맛과 짠맛 조화가 좋아서 아이들이 한 그릇을 허겁지겁 비우네요. 남편은 '일반 덮밥이 그냥 커피면, 이건 TOP야!' 하고 엄지를 치켜드는데 웃음이 절로 나요. 아침 산책도 미루고 온 가족이 든든한 한 끼로 하루를 시작했답니다.

재료
- 대패삼겹 500g
- 가지 500g

양념
- 올리브유 2큰술
- 다진 마늘 1큰술

양념장
- 진간장 2큰술
- 미소된장 40g
- 설탕 3큰술

만드는 법

1. 가지는 너무 얇지 않게 어슷 썰어줘요.
2. 냄비에 올리브유 두르고 다진 마늘 넣어 중불로 30초 볶아줘요.
3. 대패삼겹 넣고 고기를 익혀줘요.
4. 고기가 익으면 가지와 진간장, 미소된장, 물 4큰술을 넣어 중불로 3분 볶아줘요.
5. 마지막으로 설탕 3큰술 넣어 중불로 1~2분 볶아 완성해요.

요리꿀팁 간장 넣을 때 설탕도 같이 넣어 볶아줘도 좋아요. 저는 좀 더 감칠맛을 내고 싶어서 마지막에 설탕을 넣어 살짝 더 볶아줬어요.

menu 013
뽀짜이판

RECIPE

SUMMER   AUTUMN   WINTER   (SPRING)   DADDY

뽀짜이판은 일종의 홍콩식 솥밥이에요.
솥밥에 다진 고기나 완자, 채소 등과 계란을 올리고
간장 소스를 뿌려 먹는 음식인데요. 이름만 들으면 거창할 것
같지만 집에서도 간단하게 만들 수 있어요. 저는 냉동실에
만두가 있어서 완자 대신할 겸 냉동 만두를 사용해서 더 간편한
버전으로 만들어봤어요. 쓱쓱 비벼서 한 그릇 먹는데
너무 맛있어서 홍콩에서 먹고 있는 줄 알았답니다.
홍콩에 가본 적은 없지만요!

재료

- 시금치 한 봉
- 냉동 만두 350g
  (인당 3~4개)
- 달걀(인원 수만큼)
- 불린 쌀 150g
  (어른 1인분 기준)
- 불린 쌀 80g
  (아이 1인분 기준)

양념

- 올리브유 1큰술
- 소금 0.5큰술

양념장

- 쯔유 6큰술
- 참기름 2큰술
- 깨 2큰술

만드는 법

1. 쌀을 깨끗하게 씻어 물을 버리고 쌀만 15~20분 불려줘요.
2. 시금치는 깨끗하게 씻어 물기를 제거해줘요.
3. 냄비에 불린 쌀을 넣고 시금치, 만두를 올려줘요.
4. 어른용은 물 200ml, 아이용은 물 130ml를 넣고 올리브유, 소금을 넣어줘요.
5. 처음에는 센불로 뚜껑을 열어 끓을 때까지 기다리다가 끓기 시작하면 달걀 넣어줘요.
6. 뚜껑 닫고 약불로 변경 후 10분간 익혀줘요.
7. 5분간 뜸 들이고, 비벼 먹을 양념장을 곁들여 완성해요.

menu 014

봄동돼지찌개

저랑 남편은 시래기, 우거지 같은 식재료를 정말 좋아해요.
그런데 조금만 질겨도 아이들이 삼킬 때 힘들어하고 훤이는
하루 종일 입에 머금고 있어요. 그래서 잘 쓰지 않는 재료인데,
그 대신 봄동으로 국을 끓여보니까 부드러운데 식감도 좋고
달콤하기까지 해서 너무 맛있더라고요. 마지막에 들깨가루와
후추로 고소함을 더해서 그런지 남편은 감자탕과 순댓국
사이의 맛이라고 하네요. 국물이 진하면서도 봄 제철 식재료의
싱그러움이 어우러진 별미이니 여러분도 꼭 만들어보세요!

재료
- 돼지고기 앞다리살 700g
- 봄동 500g
- 대파 2개
- 느타리버섯 200g

양념
- 올리브유 2큰술
- 소금 0.5큰술
- 후추 1큰술
- 새우젓 90g
- 국간장 2큰술
- 맛술 2큰술
- 다진 마늘 2큰술
- 생강가루 0.5큰술(생략 가능)
- 들깨가루 80g

만드는 법
1. 대파는 큼직하게 썰고, 봄동은 한 입 크기로 썰어줘요.
2. 버섯은 흐르는 물에 가볍게 씻어 손으로 한 가닥씩 뜯어줘요.
3. 냄비에 올리브유 두르고 대파를 넣어 중불로 3분 볶아줘요.
4. 돼지고기를 넣고 소금, 후추 0.5큰술씩 넣어 고기를 절반만 익혀줘요.
5. 새우젓, 국간장, 맛술을 넣어 중불로 5분 볶아줘요.
6. 봄동, 버섯, 다진 마늘, 물 2L 넣어 중불로 20분 익혀줘요.
7. 생강가루, 들깨가루, 후추 0.5큰술 넣어 중불로 1분 끓여 완성해요.

요리꿀팁 후추는 취향껏 가감해주세요.

menu 015

돼지불백

SUMMER   AUTUMN   WINTER   SPRING   DADDY

친구 부부랑 계곡으로 놀러가기 전에 든든하게 먹으려고
돼지불백을 준비했어요. 돼지불백은 평소에 즐기는
친숙한 한식에서 절대 빠질 수 없는 음식이죠. 후다닥 만들 수
있어 간단하면서도 만족스러운 한 끼를 보장해주는 메뉴이기도
해요. 촉촉하게 만드는 불고기도 맛있지만 간장 양념으로
수분기 없이 바싹 구워 먹으면 줄 서서 먹는 맛집 기사식당
느낌도 나요. 남편은 기사식당에서 레시피를
훔쳐왔냐고 하네요!

재료

- 돼지고기 불고기용 앞다리살 600g
- 대파 2개
- 양파 1개

양념장

- 설탕 2큰술
- 맛술 2큰술
- 진간장 2큰술
- 생강가루 1큰술
- 다진 마늘 1~2큰술
- 참기름 2큰술
- 후추 약간

만드는 법

1. 돼지고기는 키친타올로 핏물을 제거해줘요.
2. 양파는 채 썰고, 대파도 먹기 좋게 썰어줘요.
3. 볼에 돼지고기, 양파, 대파를 넣고 양념장을 넣어 잘 섞어줘요.
4. 팬에 양념된 돼지고기를 넣어줘요.
5. 중불로 10분 정도 볶아주다가 야채에서 수분이 나오면 센불로 수분이 없어질 때까지 계속 볶아줘요. 살짝 간장이 눌어붙기 시작할 때까지 볶아서 완성해요.

요리꿀팁 바싹하게 수분 없이 볶아 주는 게 포인트예요.

menu 016

숙두볶

RECIPE

SUMMER　　AUTUMN　　WINTER　　SPRING　　DADDY

오늘은 고기 없이도 든든하고 감칠맛 가득한 덮밥 한 그릇!
두부와 숙주를 듬뿍 넣고 볶은 다음 가쓰오부시로 풍미를
살려본 숙두볶이에요. 남편은 한 입 먹더니 오꼬노미야끼가
생각난다고 하더라고요. 마침 집에 낫또도 사놓은 게 있어서
듬뿍 올려 먹었답니다. 낫또 향이 많이 중화되기 때문에
낫또를 별로 안 좋아하시는 분들도 쉽게 드실 수 있을 거예요.
몸 가볍고 건강하면서도 누구나 좋아할 만한 맛이랍니다!

재료
- 두부 1kg
- 숙주 300g
- 대파 2개
- 낫또(인원 수만큼)
- 쪽파 5줄기
- 가쓰오부시 3주먹

양념
- 올리브유 3큰술
- 달걀 1개
- 참기름 약간
- 깨 약간

양념장
- 진간장 4큰술
- 굴소스 1큰술
- 물 6큰술
- 들깨가루 6큰술

만드는 법
1. 두부는 물로 씻고, 대파는 송송 썰어줘요.
2. 팬에 올리브유 두르고 대파 넣어 중불로 30초 볶아줘요.
3. 두부를 넣고 으깨주면서 중불로 5분 볶아줘요.
4. 숙주를 넣은 뒤 양념장 넣어 중불로 2분 볶아줘요.
5. 가쓰오부시 넣어주고 불 끄고 섞어줘요.
6. 완성된 볶음을 밥 위에 올리고 쪽파 올려줘요.
7. 기호에 맞게 낫또, 달걀, 참기름, 깨 뿌려 완성해요.

menu 017

달걀후라이조림

따뜻한 봄날에도 꽃샘추위가 찾아오면 영 이불 속에서
나오기가 싫어져요. 그래도 일어나자마자 배고프다고
칭얼거리는 훤이를 위해 얼른 아침 준비해야죠. 금방 만들어
먹을 수 있는 달걀후라이조림을 만들었는데요. 조금 질릴 수도
있을 것 같아서 아삭한 오이를 올려서 같이 먹었어요. 간장
계란밥이랑 비슷하면서도 조금 더 별미 느낌이 나는 메뉴예요!

재료
- 달걀 10개
- 쪽파 10개
- 오이 2개

양념
- 올리브유 6큰술
- 참기름 약간
- 깨 약간

양념장
- 케첩 8큰술
- 진간장 2큰술
- 다진 마늘 1큰술
- 설탕 2큰술
- 물 10큰술
- 후추 약간

만드는 법
1. 쪽파는 송송 썰고 오이는 가늘게 채 썰어줘요.
2. 팬에 올리브유를 두르고 달걀후라이를 튀기듯 노릇노릇 앞뒤로 익혀줘요.
3. 양념장을 부은 뒤 쪽파를 넣어 중불로 졸여줘요.
4. 밥 위에 달걀후라이조림을 올리고 오이를 얹어줘요.
5. 참기름, 깨 뿌려 완성해요.

menu 018
순두부덮밥

순두부는 다양한 조리법에 잘 어울리면서도
단백질 가득 충전해줄 수 있는 활용도 높은 식재료예요.
덮밥으로 만들면 재료도 조리도 간단하지만 맛은 전혀
간단하지 않답니다. 마지막에 가쓰오부시를 뿌려줬더니
부드러운 순두부 속에 식감도 살아 있고 먹는 재미가 있네요!
바쁜 아침에도 따뜻하고 포근하게 후다닥 만들어 먹기 좋아요.
남편도 아이들도 반응이 좋았던 맛있는 한 끼랍니다!

재료
- 순두부 2봉
- 대파 2개
- 달걀 7개
- 가쓰오부시 약간

양념
- 올리브유 4큰술
- 소금 1큰술
- 후추 1큰술
- 쯔유 1큰술
- 참기름 0.5큰술
- 버터 10g

만드는 법

1. 순두부는 볼에 넣어 먹기 좋게 으깨줘요.
2. 대파는 송송 썰어 볼에 담고, 달걀과 소금, 후추를 넣어 잘 풀어줘요.
3. 팬에 올리브유 두르고 달걀물을 부어 스크럼블 만들어줘요.
4. 접시에 밥 담고 순두부, 스크럼블, 가쓰오부시 올려주고 취향에 맞게 쯔유, 참기름, 버터 넣어 완성해요.

일본식 덮밥을 '돈부리'라고 해요. 보통 밥 위에
고기나 채소, 달걀을 얹어 부드럽게 즐기는 음식이에요.
다양하게 변주할 수 있는 덮밥인데 저는 소고기 다짐육에
두부와 달걀을 곁들여 만들어봤어요. 쯔유로 간을 맞추니
불고기처럼 친숙한 맛도 나면서 씹는 맛이 더해져 맛있네요.
요리하기 살짝 귀찮은 아침에도 간단히 준비해서 휘리릭
만들면 그럴 듯한 한 그릇 완성! 하루를 포근하게
시작할 수 있답니다.

재료
- 두부 600g
- 다짐육 소고기 300g
- 대파 1개
- 달걀 5개

양념
- 올리브유 2큰술
- 소금 0.5큰술
- 후추 0.5큰술

양념 소스
- 물 600ml
- 쯔유 6큰술
- 설탕 2큰술

만드는 법
1. 두부는 먹기 좋게 썰고 대파도 송송 썰어줘요.
2. 키친타올로 소고기 핏물을 제거해줘요.
3. 볼에 달걀을 넣고 소금과 후추를 넣어 잘 섞어줘요.
4. 팬에 올리브유 두르고 대파 먼저 중불로 30초 볶아줘요.
5. 소고기를 넣어 중불로 3분 볶다가 고기 색이 변하면 양념 소스를 넣고 중불로 5분 익혀줘요.
6. 중간중간 거품은 제거해줘요.
7. 두부를 넣은 뒤 달걀물을 골고루 붓고 뚜껑 닫고 중불로 4분 익혀 완성해요.

요리꿀팁 기호에 따라 깨를 살짝 뿌려줘도 좋아요.

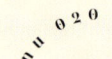

스테이크덮밥

▶ RECIPE

SUMMER   AUTUMN   WINTER   (SPRING)   DADDY

생일 기념으로 남편이랑 비싸고 맛있는 식당에 다녀왔어요.
아이들 키우면서 처음으로 근사한 곳에서 식사하니 너무
좋더라고요. 그런데 또 저희만 맛있는 걸 먹고 오니 아이들에게
미안해서 집에 오는 길에 한우 등심을 사왔어요. 오늘은
아이들이 좋아하는 소고기로 만든 스테이크 덮밥입니다.
재료가 좋으니 별다른 양념이 없어도 충분히 맛있네요.
오늘도 맛있는 음식과 행복한 하루 보내세요!

재료
- 소고기 등심 600g
- 양파 3개

양념
- 올리브유 2큰술
- 소금 0.5큰술
- 후추 0.5큰술
- 파슬리 약간

양념장
- 진간장 3큰술
- 설탕 2큰술
- 맛술 2큰술
- 굴소스 2큰술
- 물 200ml

만드는 법

1. 소고기는 키친타올로 핏기를 제거하고 양파는 얇게 채 썰어줘요.

2. 팬에 올리브유를 두르고 소고기 올린 뒤 소금, 후추 넣어 앞뒤로 잘 익혀 잠시 대기해요.

3. 고기 굽던 팬에 양파와 양념장을 넣어 중불로 10분 팔팔 익혀줘요.

4. 접시에 밥, 고기, 양념장 올리고 파슬리 뿌려 완성해요.

Part 5

일요일은 아빠가 요리사, 아빠의 밥상

DADDY

menu 001

납작떡갈비

▶ RECIPE

SUMMER　　AUTUMN　　WINTER　　SPRING　　(DADDY)

오늘은 남편이 가장 자신 있게 선보이는 요리,
납작떡갈비입니다. 제가 다짐육으로 두부함박이나 스테이크
등 이것저것 만들어봤지만 역시 아빠의 주력 요리는 이기기
힘드네요. 부드럽고 달짝지근하면서 제가 좋아하는 간장향이
딱 기분 좋게 느껴지고, 양파와 대파가 어우러져 전혀 느끼하지
않아요! 두툼한 떡갈비는 양념 때문에 고루 익히기 힘든데
납작하게 누르면 더 손쉽게 익힐 수 있답니다. 아빠표 레시피
고스란히 받아왔으니 여러분도 꼭 만들어보세요!

재료
○ 소고기 다짐육 900g
○ 대파 2개(흰 부분)
○ 양파 1개

양념
○ 올리브유 3큰술

고기 양념
○ 마늘 3큰술
○ 설탕 4큰술
○ 간장 4큰술
○ 참기름 2큰술
○ 후추 1큰술
○ 생강가루 1큰술(생략 가능)

만드는 법
1. 양파, 대파는 잘게 썰어줘요.
2. 큰 볼에 썰어준 양파, 대파, 다짐육을 넣어줘요.
3. 고기 양념을 넣어 너무 치대지 말고 잘 섞어줘요.
4. 동그랗게 모양을 잡아줘요.
5. 팬에 올리브유 넉넉히 두른 뒤 떡갈비를 올리고 납작하게 눌러줘요.
6. 센불에는 금방 탈 수 있으니 약불로 은은하게 익혀서 완성해요.

- 남편은 생략했지만 고기 양념에 맛술 2큰술 정도 넣어줘도 좋아요.
- 남편은 나무 냄비 뚜껑을 사용해서 납작하게 모양을 잡았어요. 호떡 누르개를 사용해도 좋고,
- 눌러줄 게 없으면 손으로 넓게 모양을 잡아 익혀줘요.

menu 002
들깨칼국수

날이 쌀쌀한 주말 아침에 남편이 앞치마도 없이
뚝딱 만들어낸 들깨칼국수예요. 전주의 유명한 칼국수집인
베테랑 칼국수 레시피를 따라했다는데 정말 그 맛이
나더라고요! 복잡한 재료 없이도 쉽게 만들 수 있는데 신기할
정도로 맛은 일품이에요. 특히 들깨가루가 고소하고 깊은
풍미를 더해줘서 국물 맛이 정말 좋아요. 뜨끈한 국물이
생각나는 날에 딱 어울리는 메뉴랍니다.

재료
- 생칼국수 4인분
- 달걀 5개

육수 재료
- 멸치 20마리
- 다시마 1장(손바닥 크기)

고명 재료
- 통들깨 약간
- 들깨가루 약간
- 고춧가루 약간
- 김가루 취향껏

양념
- 국간장 2큰술
- 참치액 2큰술

만드는 법
1. 멸치를 냄비에 덖어 잡내를 날리고, 물 3L와 다시마를 추가로 넣고 30분 끓여줘요.
2. 볼에 달걀을 넣고 풀어 달걀물을 만들어줘요.
3. 다시마와 멸치를 건져 내고 국간장과 참치액을 넣어줘요.
4. 칼국수 면 풀고 5분 끓여줘요.
5. 달걀물 넣고 휘휘 저어줘요.
6. 2분 더 끓이고 그릇에 덜어 취향껏 고명을 얹어 완성해요.

요리꿀팁 들깨가루가 포인트니 다른 건 빠지더라도 들깨가루는 꼭 넣어주세요.

고기를 좋아하는 남편이 야심찬 레시피로 만든
목살스테이크입니다. 기름기가 많지 않은 목살을 사용하면
담백하면서도 속에 부담이 없어 더 좋더라고요. 촉촉하게
구운 목살에 달큰한 소스가 더해져 어른 입맛은 물론 아이들도
언제나 대환영하는 메뉴예요! 스테이크라고 하면 왠지 거창한
느낌이지만, 친숙하고 간단한 재료만으로도 아빠표
근사한 특식을 완성할 수 있어요. 비주얼과 맛을 더해주는
간단한 양상추 샐러드도 곁들여보세요!

재료
○ 목살 1kg
○ 양상추 1통
○ 귤 4개

양념
○ 올리브유 6큰술
○ 전분가루(목살 덮을 정도)
○ 발사믹소스 5큰술

양념 소스
○ 설탕 2큰술
○ 진간장 2큰술
○ 물 2큰술
○ 굴소스 1큰술

만드는 법
1. 목살의 힘줄은 칼로 잘라내고, 힘줄 자른 목살은 전분가루에 한번 묻혀줘요.
2. 올리브유 넉넉히 두르고 잘 예열된 팬에 중불로 앞뒤 2분씩 구워줘요.
3. 뚜껑을 덮고 약불로 줄여 2분 더 구워줘요.
4. 양념 소스를 붓고 잘 졸여줘요.
5. 양상추를 깨끗이 씻어 적당한 크기로 찢어주고, 귤과 발사믹소스 올린 샐러드 곁들여 완성해요.

요리꿀팁 양념 없이 구운 고기도 맛있으니 두 가지 버전으로 즐겨보세요.

며칠 전에 남편이랑 황태국에 대해 이야기를 했는데,
제가 만드는 황태국은 뽀얗지 않다면서 진짜 황태국을
보여주겠다고 하더라고요. 자신 있게 나서면서 새벽 4시부터
사부작대더니 정말 뽀얗고 맛있는 황태국을 끓여냈어요.
살짝 싱거운가 싶었는데 소스와 미나리를 함께 먹으니
원조 맛집처럼 자꾸자꾸 생각나는 맛이더라고요!
술도 안 마셨는데 시원하게 해장까지 되는 것 같아요.
남편은 아침형 인간이라 부지런히 움직였지만
레시피는 전혀 어렵지 않으니 꼭 드셔보세요!

재료
- 황태 100g
- 미나리 300g
- 대파 1개
- 애호박 1개

양념
- 들기름 4큰술
- 소금 0.5큰술
- 후추 0.5큰술

소스 재료
- 초장 1큰술
- 들깨가루 1큰술

만드는 법

1. 황태채를 한 번 헹군 다음 가위로 다듬어 냄비에 넣어줘요.
2. 들기름과 물 3L를 넣어줘요.
3. 센불에 팔팔 끓으면 중불로 낮추고 40분 끓여줘요.
4. 끓는 동안 대파, 애호박, 미나리를 먹기 좋은 크기로 손질해줘요.
5. 푹 우러난 황태국에 애호박과 대파를 넣고 10분 더 끓여줘요.
6. 소금, 후추로 간을 해줘요.
7. 미나리는 살짝만 데치듯 끓여주고, 소스를 곁들여 완성해요.

요리꿀팁
- 소스는 취향에 따라 들깨가루를 가감해서 농도를 맞춰줘요.
- 부족한 간은 소금으로 해주세요.

menu 005

바질닭볶음

갑자기 날이 너무 좋아서 한강도 다녀오고
동네 놀이터에서도 재미있게 놀고 들어왔어요. 오늘 남편의
메뉴는 산뜻한 하루에 어울리는 향긋한 바질닭볶음이에요!
닭고기는 평소에 자주 먹는 익숙한 재료지만 버터에 부드럽게
구워 바질의 풍미를 곁들이니 마치 고급 레스토랑처럼
특별하고 색다른 한 접시가 탄생하네요. 여러분도
만들어보시면 오늘 하루를 멋지게 대접 받으며 마무리하는
느낌이 들 거예요!

재료
- 닭다리 정육 400g
- 닭안심 400g
- 양파 1개
- 바질 한 줌(취향껏)

양념
- 버터 40g
- 소금 1큰술
- 후추 0.5큰술
- 설탕 1큰술
- 간장 2큰술
- 굴소스 1큰술

만드는 법
1. 양파는 채 썰고, 바질도 잘게 썰어줘요.
2. 팬에 버터를 넣어 녹이고 닭다리살 먼저 껍질 쪽부터 노릇해지게 구워줘요.
3. 닭다리를 한 번 뒤집고 닭안심을 넣어서 구워요.
4. 잘 구워지면 가위로 먹기 좋게 자르고 양파를 넣어줘요.
5. 소금, 후추, 설탕, 간장, 굴소스를 넣어 간을 해줘요.
6. 양파가 투명해질 때까지 볶고 바질을 올려 완성해요.

- 바질 대신 바질페스토를 사용해도 좋아요.
- 저는 치즈를 뿌려 먹는 것도 맛있었어요.

menu 006
굴어묵탕

SUMMER　　AUTUMN　　WINTER　　SPRING　　DADDY

따끈한 국물이 먹고 싶다던 남편이 어묵탕을 끓여준다고
자신만만하게 나서더라고요. 그런데 어묵을 꽂는 방법부터
색다르고, 굴을 넣는 건 상상도 못했어요. 가끔은 제 익숙한
손맛에서 벗어난 남편의 요리가 새로워서 더 재밌네요!
간단하게 국물을 냈는데도 굴의 시원한 맛이 은은하게
나서 제 입맛에 딱 맞았답니다. 아이들도 낯설어하지 않고
잘 먹더라고요. 여러분도 이번 주말에는 따끈한 어묵탕
어떠신가요?

재료
- 무 1/2개
- 굴 400g
- 어묵 12장
- 표고버섯 2개
- 청경채 3개
- 배춧잎 5장

양념
- 국간장 2큰술
- 참치액 2큰술

만드는 법

1. 채소를 손질하고 냄비에 무를 깔아줘요.
2. 냄비에 물 3L와 국간장, 참치액을 넣고 무가 푹 익을 때까지 30분 정도 끓여줘요.
3. 무를 끓이는 동안 어묵을 꼬치에 꽂아서 준비해요.
4. 무가 잘 익으면 준비한 어묵과 채소, 굴, 표고버섯을 넣고 푹 끓여 완성해요.

요리꿀팁 남편은 어묵을 꽈배기 모양으로 꽂으면 더 맛있다고 하네요.

menu 007
삼색김밥

SUMMER AUTUMN WINTER SPRING DADDY

오늘은 결이의 소풍날이에요!
남편이 김밥을 싸주겠다면서 알록달록 재료 준비에 바쁘네요.
똑같은 걸 먹어도 이상하게 김밥에만 들어가면 왜 이렇게
맛있을까요? 재료는 단순하지만 맛은 풍성한 삼색김밥입니다.
비록 옆구리 터진 김밥이 좀 많기는 했지만 아빠의 사랑을 느낄
수 있었어요. 아마 아이들에게도 아빠가 싸준 소박한 김밥이
소중한 추억으로 남지 않을까요?

재료
- 김밥용 김 8장
- 달걀 6개
- 당근 4개
- 오이 3개

양념
- 소금 3큰술
- 멸치액젓 2큰술
- 참기름 1큰술

만드는 법
1. 당근은 채 썰어주고, 오이는 얇게 썰어 소금 2큰술을 넣어 절여줘요.
2. 오이의 물기를 짜서 버리고 프라이팬에 살짝 볶아서 남은 물기도 날려줘요.
3. 채 썬 당근에 멸치액젓을 넣고 볶아줘요.
4. 볼에 달걀을 넣고 달걀물을 만든 뒤, 팬에 올리브유 두르고 지단을 만들어줘요.
5. 밥에 소금 1큰술, 참기름 1큰술을 넣어 간해줘요.
6. 김밥용 김에 밥, 지단, 오이, 달걀 순으로 올려 김밥을 말아 완성해요.

요리꿀팁 지단에는 따로 간을 하지 않았어요.

카레피자토스트

menu 008

어제 카레를 해먹고 애매한 양이 남아서
어떻게 처리할지 고민이 되더라고요. 그런데 남편이 남은
카레로 초간단한 카레 피자 토스트를 만들었어요. 카레와
피자의 조합은 낯선 것 같으면서도 생각해보면 카레빵도
맛있으니 피자 토스트도 잘 어울리는 게 당연하더라고요!
같은 카레인데 아이들도 질리지 않고 신나게 먹어주고,
어른들은 커피 한 잔에 먹으니 궁합이 딱이었답니다. 추가로
피망이나 올리브를 추가해줘도 맛있을 것 같아요!

재료
- 먹고 남은 카레 적당량
- 피자 치즈(취향껏)
- 식빵 적당량

양념
- 올리브유 약간

만드는 법
1. 식빵에 올리브유를 바르고 카레를 적당히 퍼서 올려줘요.
2. 치즈를 먹고 싶은 만큼 올려요.
3. 오븐이나 전자레인지, 에어프라이어에 넣고 치즈를 녹여서 완성해요.

 아빠 레시피에서는 예열하지 않은 오븐에 200도로 10분간 녹였어요.

최근에 고기를 꽤 자주 먹어서 오랜만에 남편에게
고기가 없는 메뉴를 부탁해봤어요. 그래서 오늘 메뉴는
약밥이네요! 너무 달면 건강에 안 좋을 것 같아서 설탕을 좀
줄여 만들었대요. 달지 않아도 고소하고 진한 약밥의 향이
충분히 나서 좋았답니다. 중간중간에 씹히는 올리브가 은근히
매력적이라서 정말 맛있었어요! 아이들도 평소에 먹던 익숙한
밥이 아니라서 그런지 쫀득한 간식처럼 더 재미있고
즐겁게 먹어주더라고요.

재료
- 불리지 않은 찹쌀 600g
- 대추 6알
- 하루견과(20g) 4봉
- 올리브(취향껏)

양념
- 설탕 4큰술
- 진간장 2큰술
- 계피가루 0.5큰술
- 꿀 20g(생략 가능)
- 소금 1큰술

만드는 법
1. 찹쌀을 한 시간 정도 물에 불려줘요.
2. 찹쌀을 불리는 동안 대추의 씨를 제거해 손질해줘요.
3. 불린 쌀을 냄비에 담고 1:1 비율로 물을 넣어줘요.
4. 설탕, 진간장, 계피가루, 꿀, 소금을 넣고 잘 섞어줘요.
5. 하루견과, 올리브, 대추를 넣어줘요.
6. 센불로 끓어오르면 뚜껑을 닫고 중불로 15분 익혀줘요.
7. 다 익었는지 살펴보고 뜸 들여 완성해요.

- 남편은 10분 동안 뜸 들였다고 해요.
- 더 달달하게 드시고 싶으면 설탕을 취향에 맞게 넣어 조절해보세요.

menu 010
어탕국수

SUMMER　　　AUTUMN　　　WINTER　　　SPRING　　　(DADDY)

남편은 이제 본인이 먹고 싶은 게 있으면 자연스럽게 요리를 하네요. 오늘은 남편표 어탕국수인데요! 어탕국수는 원래 경상도 쪽에서 민물고기로 육수를 내어 먹는 국수 요리예요. 남편은 통조림으로 간단하게 만들더라고요. 꽁치로 추어탕 맛을 내는 레시피는 본 적이 있지만 참치캔을 같이 쓰는 건 처음 봤어요. 그런데 맛보니 신기하게 추어탕 느낌도 나네요! 아이들도 국수와 국물이 맛있다고 잘 먹고, 어른들은 청양고추 팍팍 넣어 밥 한 그릇 말아먹고 싶은 맛이랍니다.

재료
- 꽁치캔 1개
- 참치캔(소) 1개
- 양파 2개
- 대파 2개
- 토란대 400g(우거지, 버섯 등 대체 가능)
- 깻잎 30장
- 소면 5인분

양념
- 올리브유 4큰술
- 들깨가루 4큰술

양념장
- 된장 2큰술
- 참치액 2큰술
- 마늘 2큰술
- 꽁치 국물 2큰술
- 생강가루 0.5큰술
- 후추 0.5큰술

만드는 법
1. 대파, 양파, 토란대, 깻잎을 손질하고 아이들이 먹기 좋게 꽁치 뼈를 발라줘요.
2. 양파와 토란대에 양념장을 넣어 버무려줘요.
3. 올리브유 두르고 예열된 냄비에 대파 넣고 중불로 5분간 볶아줘요.
4. 꽁치, 참치 넣고 같이 볶아 잡내를 날리고 으깨줘요.
5. 양념해둔 토란대와 양파를 넣어줘요.
6. 물 2.5L 넣고 20분 끓여줘요.
7. 깻잎과 소면 넣고 소면이 익을 때까지 끓여주고, 들깨가루 뿌려서 완성해요.

- 국수용으로 물 양을 많이 잡았는데 밥이랑 드시려면 물 양을 줄여도 좋아요.
- 들깨가루까지 넣고 나서 간이 부족하면 국간장, 소금을 조금씩 넣어 간을 맞춰주세요.
- 취향에 따라 산초가루, 청양고추 등을 추가해 드셔도 좋아요.

오리고기볶음

오랜만에 오리고기가 먹고 싶다며 남편이 오리고기볶음을 만들었어요. 부엌에서 사부작거리더니 생각보다 빨리 만들어서 놀랐는데, 맛이 훌륭해서 한 번 더 놀랐네요. 담백하고 고소한 양념에 향긋한 미나리 향이 섞이면서 조화가 정말 좋아요! 비법 소스(?)를 곁들여 먹으면 더욱 맛있다고 남편이 거창하게 소개했는데, 비법 소스의 정체는 팁으로 살짝 알려드릴게요.

재료
- 오리고기 800g
- 미니새송이 1봉
- 미나리 300g
- 양파 1개

양념
- 올리브유 2큰술
- 다진 마늘 2큰술
- 들깨가루 6큰술

양념장
- 물 6큰술
- 진간장 4큰술
- 굴소스 2큰술

만드는 법
1. 준비한 채소를 먹기 좋게 썰어줘요.
2. 팬에 올리브유 두르고 오리고기와 다진 마늘을 팬에 넣은 뒤 중불로 볶아줘요.
3. 어느 정도 고기가 익고 오리 기름이 빠지면 양파, 미니새송이를 넣고 중불로 볶아줘요.
4. 준비해둔 양념장을 부어줘요.
5. 들깨가루를 넣고 센불로 볶아줘요.
6. 미나리를 듬뿍 넣고 숨이 죽으면 완성이에요.

요리꿀팁 비법 소스는 사실 이름만 거창하고 초장에 들깨가루를 섞은 거였어요! 농도는 취향에 맞게 조절해서 찍어드세요.

menu 012
오므라이스

RECIPE

SUMMER　　AUTUMN　　WINTER　　SPRING　　DADDY

요즘 남편의 유튜브 알고리즘에 달걀 요리가 많이 뜨나봐요.
어제부터 회오리 오므라이스를 만들어보고 싶다면서
영상을 열심히 보더니 아침으로 오므라이스를 만들었네요.
생각보다 모양을 내기가 쉽지 않았는지 혼자 끙끙댔는데
조금 어설프지만 맛은 최고! 오므라이스는 채소를 잘 안 먹는
아이들도 특식 같은 느낌으로 맛있게 먹어줘서 더 고마운
메뉴입니다. 아빠의 정성이 담겨서 더 맛있었겠죠?

재료
- 달걀 5개
- 대파 1개
- 감자 1개
- 양파 1개
- 애호박 1개
- 당근 2/3개

소스 재료
- 물 3큰술
- 케첩 3큰술
- 돈가스 소스 3큰술

양념
- 올리브유 6큰술
- 굴소스 3큰술
- 후추 0.5큰술

만드는 법
1. 준비한 채소는 모두 잘게 다져줘요.
2. 팬에 올리브유 두르고 대파 넣고 중불로 3분 볶다가 다진 채소 넣어 익을 때까지 볶아줘요.
3. 밥을 넣고 볶다가 굴소스와 후추 넣고 더 볶아줘요.
4. 달걀을 풀고 회오리 지단 만들어서 밥 위에 얹어줘요.
5. 물, 케첩, 돈가스 소스를 1:1:1 비율로 섞은 소스를 살짝 끓여줘요.
6. 마지막으로 소스를 얹어 완성해요.

menu 013
미역국

SUMMER　　AUTUMN　　WINTER　　SPRING　　DADDY

얼마 전에 결, 도, 흰의 동생이 태어나서 이제 사남매 육아 시작입니다! 산후조리원에서 나와 집에 가는 날에 남편이 미역국을 끓여놨네요. 역시 산후조리에는 미역국만 한 게 없죠. 가장 기본적인 재료로 만든 미역국인데도 역시 근본이라서 그런지 깊은 맛이 우러나 너무 좋았답니다. 집밥을 먹으니 이제 정말 우리 집에 새 가족을 맞이했다는 실감이 나네요. 앞으로도 사남매의 행복한 일상 지켜봐주세요!

재료
○ 말린 미역 25g
○ 양지 600g

양념
○ 참기름 4큰술
○ 다진 마늘 6큰술
○ 들깨 100g
○ 진간장 1큰술
○ 쯔유 1큰술
○ 참치액 2큰술
○ 소금 1큰술

만드는 법
1. 냄비에 참기름 둘러 다진 마늘을 넣고 중불로 1분 볶아줘요.
2. 고기를 넣고 색이 변할 때까지 볶다가 미역을 넣고 중불로 2분 볶아줘요.
3. 물 1L 넣고 팔팔 끓으면 물 1L를 추가하고, 팔팔 끓으면 또 물 1L를 넣어 총 3L를 끓여줘요.
4. 팔팔 끓으면 들깨를 넣은 뒤 참치액, 진간장, 쯔유 넣고 부족한 간은 소금으로 추가해요.
5. 중불로 1분 정도 끓여 완성해요.

요리 꿀 팁 남편은 진간장이 부족해서 쯔유를 같이 넣었는데, 진간장을 2큰술 넣어줘도 괜찮아요.

집에서 고기를 자주 먹다 보니 시어머니가 해산물도 많이 먹으라고 전복과 갑오징어를 손질해서 보내주셨어요. 오랜만에 싱싱한 해산물을 보더니 남편이 새로 장만한 중식도를 개시해야겠다며 전가복을 만들었답니다. 전가복은 '모든 재료가 함께 복을 이룬다'는 뜻의 중국 요리인데, 해산물과 채소가 풍성하게 들어간 든든한 보양식이랍니다. 중식당에서만 먹어봤지, 집에서 아침밥으로 먹게 될 줄은 몰랐네요. 고급 중식당 부럽지 않은 맛이라서 더 감동적이에요!

재료
- 전복 9마리
- 갑오징어 2마리
- 청경채 5개
- 새송이버섯 2개
- 대파 1개
- 죽순 약간(생략 가능)

양념
- 올리브유 6큰술
- 다진 마늘 3큰술
- 생강 약간
- 전분물 120g
  (전분 60g+물 60g)
- 참기름 2큰술

양념장
- 참치액 2큰술
- 쯔유 2큰술
- 굴소스 4큰술
- 후추 0.5큰술

만드는 법
1. 전복과 갑오징어는 깨끗하게 씻은 후 먹기 좋게 썰어줘요.
2. 청경채는 길쭉하게 4등분하고, 새송이버섯은 길게 슬라이스하고, 대파는 어슷썰고, 죽순은 채 썰어줘요.
3. 팬에 올리브유 두르고 대파, 다진 마늘, 생강을 볶아줘요.
4. 해산물부터 넣고 중불로 3분 볶아줘요.
5. 채소들을 넣고 중불로 3분 볶아줘요.
6. 양념장을 넣고 중불로 3분 볶아줘요.
7. 어느 정도 섞이면 참기름을 넣어줘요.
8. 전분물을 붓고 중불로 1~2분 끓여 완성해요.

menu 015
전비빔

SUMMER　　AUTUMN　　WINTER　　SPRING　　(DADDY)

네 아이와 북적북적 명절 연휴를 보내다가
남편에게 명절 음식을 부탁했더니 전을 부쳐주네요!
저희 집은 밀가루나 부침가루를 쓰지 않고 달걀물에 적셔서
바로 부쳐먹는데 깔끔하고 아주 맛있어요. 남편은 전을 듬뿍
올리고 채소를 곁들여서 비빔밥으로 먹는 것도 좋아하는데
보기만 해도 먹음직스러워요. 지글지글 고소한 전 냄새가
진동하니 확실히 풍요로운 명절 기분이 나네요!

재료

- 채끝(육전용) 600g
- 애호박 1개
- 오이 1개
- 달걀 8개
- 어린잎 채소 적당량
  (생략 가능)
- 젓갈 약간(생략 가능)

달걀물 양념

- 다진 마늘 4큰술
- 간장 1큰술
- 참치액 1큰술
- 설탕 1큰술
- 소금 1큰술

만드는 법

1. 애호박은 0.5cm 두께로 동그랗게 썰고, 오이는 채 썰어줘요.
2. 볼에 달걀을 넣고 풀어준 다음 달걀물 양념을 넣고 잘 섞어줘요.
3. 달걀물에 준비한 육전용 고기와 애호박을 차례로 적셔줘요.
4. 고기와 애호박을 잘 달궈진 팬에 노릇하게 앞뒤로 부쳐줘요.
5. 밥 위에 전, 오이, 어린잎 채소, 젓갈 등을 올려 비빔밥으로 완성해요.

- 전 재료와 비빔밥으로 곁들일 채소는 집에 있는 것들로 자유롭게 사용해도 좋아요.
- 어른용은 젓갈을 고추장으로 대체해 드셔도 좋아요.
- 아이용은 굳이 간을 따로 하지 않아도 괜찮아요.

menu 016

보리리조토

SUMMER　　AUTUMN　　WINTER　　SPRING

남편이 흑백 요리사를 보고는 나폴리 맛피아 님의 리조토가
감명 깊었는지 보리리조토를 만들었어요. 쌀을 볶는 모습에
특히 반했는지 하루 종일 리조토를 볶더라고요. 독특하게도
닭 육수를 내면서 흑마늘을 사용했는데, 흑마늘이 없는
분들은 그냥 마늘을 사용하셔도 된답니다! 흑마늘이 들어가니
살짝 달달하면서도 한방 느낌이 나는 게 은근 매력적이에요.
알단테로 익힌 보리 식감도 재미있어서 아이들도 완전히
집중하면서 먹은 메뉴랍니다.

재료
- 찰보리 500g
- 양송이버섯 4개
- 양파 1개(작은 것)

육수 재료
- 닭고기 500g
- 대파 반 개
- 다진 마늘 2큰술
- 흑마늘 듬뿍(취향껏)
- 소금 0.5큰술

양념
- 올리브유 4큰술
- 버터 30g
- 파마산치즈 80g

만드는 법
1. 보리를 물에 30분 정도 불려줘요.
2. 냄비에 올리브유 2큰술 두르고 닭고기를 껍질부터 구워준 뒤 대파, 다진 마늘, 흑마늘 넣어 같이 익혀줘요.
3. 닭고기를 뒤집어 익혀주고 물 800ml 넣어준 뒤 소금으로 간을 맞춰 육수를 만들어요.
4. 팬에 올리브유 2큰술 두르고 양파를 잘게 썰어 볶아줘요.
5. 양파가 갈색으로 익으면 불린 보리를 부어줘요.
6. 보리의 수분을 날리면서 볶아주고, 준비한 육수를 자작하게 큰 국자로 3~4번 부어줘요.
7. 중간에 양송이를 넣어주고, 중약불로 계속 익히면서 육수가 졸아들면 보충해가면서 25분 정도 익혀줘요.
8. 보리가 알단테로 익으면 불을 끄고 버터, 파마산 치즈 넣어 뚜껑을 닫고 5분 뜸들여줘요.
9. 리조토를 그릇에 담고 육수를 냈던 닭고기를 올려서 완성해요.

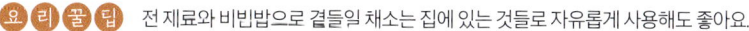 전 재료와 비빔밥으로 곁들일 채소는 집에 있는 것들로 자유롭게 사용해도 좋아요.

menu 017

컵밥

SUMMER　　AUTUMN　　WINTER　　SPRING

남편이 훤이랑 같이 어린이집 참여 수업에 갔다가
배워온 컵밥을 집에서도 만들어봤어요! 재료가 쉽고
간단한데다 색감이 알록달록해서 아이들과 함께 만들기에
너무 좋더라고요. 아이들은 자신들이 직접 참여해서 만든
요리는 더 관심을 갖고 맛있게 먹는 거 아시죠?
아이들 입맛에 찰떡일 뿐만 아니라 가족들이 함께한 추억까지
남겨주는 즐거운 요리랍니다.

재료
- 참치(소) 1캔
- 오이 2개
- 파프리카 2개(색깔별로)

양념
- 마요네즈 2큰술
- 김가루 적당량

만드는 법

1. 오이는 얇게 슬라이스하고, 파프리카는 잘게 채썰어줘요.
2. 참치에 마요네즈를 넣고 잘 섞어줘요.
3. 적당한 크기의 컵에 김가루, 오이, 참치, 파프리카, 밥 순서대로 층층이 담아줘요.
4. 접시 위에 거꾸로 엎어서 완성해요.

menu 018
황태국수

SUMMER　　　AUTUMN　　　WINTER　　　SPRING

황태는 단백하고 지방이 적어 속이 편안하고, 깊은 감칠맛을
내서 국물 요리에 활용하기 좋아요. 남편이 황태로
국수를 만들었는데, 너무 맛있어서 국숫집 차리면 주방은
내줘야겠어요! 진한 황태 육수에 밥 말아먹어도 좋겠지만
국수로 먹으니 부드러운 면발이 술술 잘 넘어가더라고요.
물을 많이 넣어서 조금 싱거울 수 있는데, 한번에 많이 끓여서
황태 미역국까지 하려고 했다네요. 여러분은 물 양을 조절해서
속부터 뜨끈해지는 한 끼 식사로 즐겨보세요!

재료
- 말린황태 100g
- 국수(중면) 5인분
- 애호박 1개
- 대파 1개

양념
- 다진 마늘 5큰술
- 참치액 3큰술
- 멸치액젓 2큰술
- 올리브유 3큰술
- 새우젓 1큰술
- 참기름 약간

만드는 법
1 황태를 먹기 좋은 크기로 잘라 흐르는 물에 씻어주고, 애호박은 채썰고, 대파는 송송 썰어요.

2 냄비에 황태를 넣고 기름 없이 오래 볶아줘요.

3 구수한 냄새가 올라오면 물 300ml 넣고 팔팔 끓이다가, 끓으면 또 300ml를 넣고, 끓으면 300ml를 더 넣어줘요.

4 참기름을 살짝 넣고 물 2L 넣은 뒤 다진 마늘 3큰술, 참치액, 멸치액젓 넣어줘요.

5 국수와 고명을 준비하는 동안 30~40분 정도 푹 끓여줘요.

6 국수는 끓는 물에 넣고 익힌 뒤 바로 찬물에 바락바락 문질러가며 여러 번 헹궈줘요.

7 팬에 올리브유 두르고 다진 마늘 2큰술을 중불로 1분 볶아줘요.

8 채썬 애호박을 넣고 볶은 뒤, 새우젓을 넣고 마무리해요.

9 그릇에 소면과 국물을 넣고, 애호박 볶음과 대파를 고명으로 올려 완성해요.

 들기름을 넣으면 뽀얀 황태국을 만들 수 있어요.

menu 019

양송이감자스프

오늘은 이사하는 날입니다. 정든 집에서 마지막 식사는 남편이 맡아줬어요. 간단히 먹고 이사 준비를 해야 해서 양송이감자스프를 후다닥 만들어줬네요. 양송이가 듬뿍 들어갔는데 재료의 식감이 살아 있고 양송이의 향이 진해서 한 입 먹을 때마다 절로 고개가 끄덕여져요. 아이들 데리고 이사하려면 정신을 번쩍 차려야 하는데 영혼을 다독여주는 듯한 맛에 기운이 납니다. 바쁜 아침에도 금방 만들 수 있으니 끼니 거르지 말고 꼭 챙겨 드세요!

재료
- 감자 900g
- 양송이버섯 20개
- 대파 2개

양념
- 버터 50g
- 우유 600ml
- 소금 1큰술
- 후추 1큰술
- 치즈 3장

만드는 법

1. 감자와 양송이는 최대한 얇게 썰고, 대파는 송송 잘게 썰어요.

2. 팬에 버터를 녹이고 감자를 볶다가 절반 정도 익으면 양송이를 넣고 볶아주고, 그 다음 대파를 넣어 숨이 죽을 때까지 볶아요.

3. 물 200ml 넣고 뚜껑을 덮어 중불에서 5분간 익히다가 우유 300ml, 소금, 후추를 넣어 뚜껑 닫고 또 5분 끓여줘요.

4. 나머지 우유 300ml를 넣고 재료가 푹 익을 만큼 끓인 뒤 매셔나 국자로 감자를 적당히 으깨줘요.

5. 불을 끄고 치즈를 넣어 녹인 뒤 그릇에 담아 완성해요.

- 빵을 곁들이거나 식빵을 넣어 먹어도 맛있어요.
- 우유는 한꺼번에 넣기보다 두세 번에 나눠 넣으며 농도를 맞춰요.

menu 020

바질크림닭갈비

오늘 아빠 메뉴는 바질크림닭갈비입니다.
가끔은 이렇게 꾸덕한 크림 요리가 먹고 싶을 때가 있어요!
촉촉한 닭고기는 정말 다양한 소스와 곁들여 요리할 수 있지만,
특유의 향긋함을 뿜어내는 바질과 부드러운 생크림은 정말
잘 어울리는 조합이랍니다. 마지막에 달걀 노른자를 넣는 건
정통 까르보나라를 만드는 방법이기도 한데, 노른자가 살짝
익으면서 꾸덕한 질감을 살려줘요. 이제 한식뿐 아니라
퓨전 요리까지 척척 만들어내는 걸 보니 남편의 요리 실력이
점점 늘고 있는 것 같아요. 앞으로 더 기대해봐도 좋겠죠?

재료

- 닭다리 정육 600g
- 바질 잎 10장
- 양파 1개
- 양송이버섯 6개
- 달걀 노른자 2개

양념

- 올리브유 4큰술
- 다진 마늘 3큰술
- 생크림 250ml
- 소금 1큰술
- 후추 0.5큰술

만드는 법

1. 양파와 양송이는 먹기 좋게 잘라 손질하고, 바질도 송송 썰어줘요.
2. 팬에 올리브유를 두르고 닭다리살을 껍질 쪽이 아래로 가도록 넣고 5~6분 뒤집어가며 구운 뒤 먹기 좋게 잘라줘요.
3. 다진 마늘과 양파, 양송이버섯을 넣고 중불로 10분 볶아줘요.
4. 생크림을 넣고 소금, 후추로 간을 해줘요.
5. 노른자를 넣고 빠르게 저어주면서 중불로 3분 익혀요.
6. 마지막으로 바질을 넣고 가볍게 섞어 완성해요.

 닭다리살을 구울 때 바닥에 눌러붙어도 괜찮아요. 생크림을 넣고 굶어주면 더 맛있어요!

index

ㄱ
가삼덮밥	74
가지덮밥	48
가지불고기	58
갈릭전복버터구이	80
감당무조림	86
감자글로리	52
감자명란솥밥	42
고기우동	142
굴어묵탕	216

ㄴ
납작떡갈비	206
냉이떡국	170
누룽닭	94
누룽지닭	158

ㄷ
단호박제육	84
단호박카레	96
달걀후라이조림	196
닭토리탕	38
대파국수	150
대파떡갈비	88
돼지갈비찜	172
돼지국밥	132
돼지불백	192
돼지찜	180
두부돈부리	200

두부탕수	92
들깨순두부	156
들깨칼국수	208
등갈비전골	136

ㄹ
라탕	148

ㅁ
마늘닭개장	76
맑은오리탕	50
명란미역국	144
명란크림스튜	140
목살스테이크	210
무룽지	154
무샥슈카	152
미나리국	176
미나리황태국	212
미소가지덮밥	40
미소대패덮밥	186
미역국	230
밀파유나베	130

ㅂ
바질닭볶음	214
바질크림닭갈비	244
버터명란감자	68
버터치킨카레	60
보리리조토	236
봄동돼지찌개	190

봄동오징어국　　　164
부추닭　　　70
뽀짜이판　　　188

ㅅ

삼색김밥　　　218
새우솥밥　　　116
새콤오이밥　　　184
소고기감자조림덮밥　　　166
숙두북　　　194
순두부덮밥　　　198
순살감자탕　　　126
스테끼국밥　　　160
스테이크덮밥　　　202

ㅇ

애호박새우볶음　　　66
약밥　　　222
양배추돼지찌개　　　182
양송이감자스프　　　242
양파제육덮밥　　　174
어탕국수　　　224
연어카레　　　118
오리고기볶음　　　226
오리파스타　　　98
오므라이스　　　228
오새볶　　　102
오이고추솥밥　　　178
오이중독　　　168
오징어비빔밥　　　54
오징어치즈덮밥　　　72
오징어카레　　　46

ㅈ

전가복　　　232
전비빔　　　234
전솥밥　　　146
제철무찜　　　128

ㅊ

차돌쌀국수　　　138
차돌파개장　　　124

ㅋ

카레피자토스트　　　220
카룽지　　　114
카스도스　　　104
컵밥　　　238
크림닭갈비　　　106

ㅌ

토마토닭구이　　　44
토마토소고기찜　　　56
토치계　　　62

ㅍ

파닭한마리　　　64
팟타이　　　108
프리타타　　　110
피망덮밥　　　112

ㅎ

항정덮밥　　　90
항정수육　　　134
해덮룽지　　　100
호박찌개　　　122
황태국수　　　240

abc

LA갈비찜　　　82

KI신서 13665
수연이네 사 남매 사계절 완밥 레시피

1판 1쇄 인쇄 2025년 7월 7일
1판 1쇄 발행 2025년 7월 23일

지은이 유수연
펴낸이 김영곤
펴낸곳 (주)북이십일 21세기북스

인생명강팀장 윤서진 **인생명강팀** 박강민 유현기 황보주향 심세미 이현지
디자인 올컨텐츠그룹
마케팅 이수진 이현주
영업팀 정지은 한충희 장철용 강경남 황성진 김도연
제작팀 이영민 권경민

출판등록 2000년 5월 6일 제406-2003-061호
주소 (10881) 경기도 파주시 회동길 201(문발동)
대표전화 031-955-2100 **팩스** 031-955-2151 **이메일** book21@book21.co.kr

ⓒ 유수연, 2025
ISBN 979-11-7357-375-0 13590

(주)북이십일 경계를 허무는 콘텐츠 리더

21세기북스 채널에서 도서 정보와 다양한 영상자료, 이벤트를 만나세요!
페이스북 facebook.com/jiinpill21   **포스트** post.naver.com/21c_editors
인스타그램 instagram.com/jiinpill21   **홈페이지** www.book21.com
유튜브 youtube.com/book21pub

서울대 가지 않아도 들을 수 있는 명강의! 〈서가명강〉
'서가명강'에서는 〈서가명강〉과 〈인생명강〉을 함께 만날 수 있습니다.
유튜브, 네이버, 팟캐스트에서 '서가명강'을 검색해보세요!

책값은 뒤표지에 있습니다.
이 책 내용의 일부 또는 전부를 재사용하려면 반드시 (주)북이십일의 동의를 얻어야 합니다.
잘못 만들어진 책은 구입하신 서점에서 교환해드립니다.